다문화가정 아동 한국어 문식성지도서

한국어의 의성·의태어

박혜원 · 배성봉

UUP

다문화가정 아동 한국어 문식성지도서

한국어의 의성 · 의태어

■
2017년 11월 20일 **초판 2쇄 발행**
2012년 06월 15일 **초판 1쇄 발행**

- **지은이** 박혜원, 배성봉
- 펴낸이 오연천
- **펴낸곳** uup(울산대학교출판부) 680-749 울산광역시 남구 대학로 93(무거동) 울산대학교 출판부
- 전화 (052)259-2488 팩스 (052)277-3011 ▪ **홈페이지** http://uup.ulsan.ac.kr
- **출판등록** 제370-1996-000001호(1996.3.13)
- ₩ 16,000

■
본 연구는 2010년도 정부재원(교육과학기술부 인문사회연구역량강화사업비)으로 한국연구재단의 지원을 받아 연구되었음(NRF-2010-330-B00299)

ISBN 978-89-7868-280-0(93710)

머리말

오랫동안 조용한 동방의 예의지국이었으나 일제 압박과 한국 전쟁으로 점철된 근현대사를 거치며 커다란 수난을 겪었던 한국이 21세기 들어 눈부신 경제발전을 통해 세계의 주목을 받고 있다. 최근에는 특히 한류바람을 타고 한국 문화 또한 관심을 받고 있다. 그러나 한국민이라면 누구나 자부심을 갖는 또 하나의 세계적 한국 작품은 바로 한글이다.

그 과학적 창제과정이 자랑스럽고 누구나 쉽게 배울 수 있는 표음문자 한글 그리고 독특한 어법과 풍부한 아름다운 어휘들을 가진 한국어는 그동안 중국어나 일본어에 비해 언어학자들의 관심을 받지 못했다. 우리 학자들의 노력도 부족하여 CHILDES와 같은 세계적인 코퍼스(corpus)에도 그 자료가 열악한 것이 사실이다. 특히 한국어에 풍부한 의성어와 의태어에 대한 연구는 매우 부족하다.

의성어나 의태어는 감각이나 신체행동을 운동 또는 움직임이라는 차원으로 표현하는 특성을 가짐과 동시에 마음의 움직임, 즉 역동성을 잘 표현하는 독특함을 지닌다. 의성어는 귀에 들리는 소리를 표현한 것이고, 의태어는 청각을 제외한 감각에 의한 움직임이나 상태를 표현한 것이다. 즉, 의성어는 청각에, 의태어는 시각이나 촉각에 뿌리를 둔 감성어들이다. 의성의태어(의성어와 의태어를 동시에 지칭할 때는 '의성의태어'로 한다)는 인간의 감각적 인식의 근거가 되는 기본적인 오감에 유래하기 때문에, 아동에서 성인에 이르기까지 누구에게나 직관적으로 그리고 감각적으로 이해 가능하다. 즉 성인에게도 아이에게도 서로 이해 가능한 공통적 표현이라는 의미에서, 의성의태어는 언어획득의 기반이 되는 "언어 이전의 언어"라고도 할 수 있다(Osaka, 1999). 이미 영아 옹알이는 음절 반복이 가진 리드미컬한 음성표출로 의성의태어의 양상을 띠고 있다. 또한 의성의태어는 습득 시기(AoA : Age of Aquisition)가 굉장히 빠르다. 의성의태어는 생후 1~3년 이내의 생애 초기에 감각경험과 더불어 접하게 되는 어휘들이다. 그래서 외국인의 경우 모어 화자의 수준으로 의성의태어의 형태와 의미를 완전히 체화하여 학습하는 것은 어렵다.

한국어에는 다른 언어보다 의성어와 의태어가 풍부하다. 연변언어연구소(1982)의 '우리말 의성의태어 분류 사전'에는 8,286개의 의성어와 의태어가 수록되어 있다. 보다 최근의 자료로서 국립국어원에서 실시한 표준국어대사전 발간을 위한 예비 조사에 따르면, 의성어와 의태어의 수는 약 5,800개에 이르는데, 이는 다른 어떤 언어와 비교해 보더라도 매우 높은 수치에 해당한다. 비교적 의성어와 의태어가 많다고 알려진 일본어의 경우에도 약 2,500개 정도가 보고되어 있을 뿐이다. 어떤 언어들은 의성어 또는 의태어에 해당하는 어휘층을 명시적으로 가지고 있지 않다. 한국어에는 특히 의태어가 풍부하다. 영어나 프랑스어를 비롯한 인도유럽어에서 의성어는 사용되지만 의태어의 범주는 따로 존재하지 않으며 그에 해당되는 용어 자체가 없다(채완, 2003). 이처럼 다른 언어와 비교해 두드러지는 한국어의 의성의태어를 이해하는 것은 한국어 사용자들의 감각경험과 언어 사이의 관계에 대한 이해를 높여줄 수 있고 특히 초기 언어발달에서 보이는 의성의태어에 대한 연구 결과는 아동의 어휘사용의 일면을 보여주며, 아동 언어 교육 특히 어휘 교육에 적절하게 활용될 수 있다. 그럼에도 불구하고 의성의태어에 대한 언어심리학적 연구나 아동의 언어습득과 관련해서 의성의태어가 어떤 의미를 지니는가에 대한 연구는 찾아보기 힘들다. 특히 국내에서 어린 아동의 의성의태어 사용이나 어린 아동의 언어환경속에 등장하는 의성의태어의 빈도에 대한 자료를 찾아볼 수 없다.

본 저자들은 CHILDES에 들어있는 자료를 분석하여 한국아동(2.73%)은 일본아동(2.15%)이나 영어를 사용하는 아동(1.10%)보다 의성의태어를 많이 사용하는 것을 보고하였다. 또한 한국어의 의성어 의태어에 대한 일련의 연구를 통해 의성어, 의태어가 모성어로서 매우 중요한 기능을 한다는 것을 보여 주었다. 그런데 의성어와 의태어는 유아기 때부터 일찍 획득되기 때문에 성인이 되어 한국어를 배우는 외국인들은 의성어 의태어를 습득하는데 어려움을 겪는다. 따라서 전반적으로 언어입력이 열악하고 특히 어린 시기 영유아의 언어발달에 도움이 되는 의성의태어의 사용이 어려운 외국인 어머니를 둔 다문화 가정의 아동에게 도움을 주고자 본 저서를 기획하였다.

본 저서가 나오게 되기까지 많은 분들의 도움이 있었다. 우선 Pittsburgh 대학의 Kristen Asplin교수에게 감사한다. 한국어에서 의성 의태어가 발달된 이유를 연구하는데 관심을 가지고 본 저서가 탄생하는 단초를 마련해 주었다. 초기 자료정리에 도움을 준 울산대학교 아동가정복지학과의 학생들과 대학원생 그리고 무엇보다도 한국연구재단의 SSK 사업지원에 감사한다.

SSK 소통과 융합 : 한국어 문식성 연구팀

박혜원, 배성봉

알림

그득하다	의성의태어의 기본형입니다.
_ 사전적 정의	해당 표제어에 대한 사전적 정의입니다. 하나의 의성의태어는 몇 가지 서로 다른 의미를 가질 수 있습니다. 또는 그 쓰임에 있어서 미묘한 차이가 있을 수도 있습니다. 따로 품사 표시가 없으면 의성의태어는 「부사」이다.
▶ 예문	해당 표제어가 실제로 어떻게 사용되는지를 보여줍니다. 예를 들어, '그득하다'라는 표제어에 대해서는 아래의 네가지 예문이 제시됩니다. • 쌀독에 쌀이 그득하다. • 최 교수의 책장은 고서로 그득하다. • 극장은 영화를 관람하기 위해 온 사람들로 그득하여 발 디딜 틈이 없었다. • 방안은 은은한 묵향으로 그득했다. 다양한 예문을 통해서 '그득하다'라는 표현을 익힐 수 있습니다.
▶ 파생어	해당 의성의태어가 파생어의 어근일 경우, 자주 사용되는 파생어를 제시하였습니다.
▶ 반복형	의성의태어는 반복형의 형태로 사용되는 경우가 많습니다. 예를 들어, '그득'의 반복형인 '그득그득'도 함께 제시하였습니다.

목 차

가물가물

_ 사전적 정의

- 작고 약한 불빛 따위가 사라질 듯 말 듯 움직이는 모양.
- 조금 멀리 있는 물체가 보일 듯 말 듯 희미하게 움직이는 모양.
- 의식이나 기억이 조금 희미해져서 정신이 있는 둥 없는 둥 하는 모양.

▶ 예문

- 등잔불이 가물가물 흔들린다.
- 먼 수평선 위에 가물가물 움직이는 고깃배

- 일행이 가물가물 멀리 사라질 때까지 갑례는 발이 시렵다는 생각을 하면서도 그 자리에 서 있었다.≪하근찬, 야호≫
- 나는 나비, 나비 하고 입속으로 중얼거리며 어찌할 수 없는 무력감으로 나락에 빠지듯 가물가물 잠 속으로 빠져 들어갔다.≪오정희, 미명≫

▶ **파생어**

가물가물하다.

[동사]

- 기름이 졸아붙은 등잔불처럼 가물가물하면서도 깜박거리지는 않는다.≪심훈, 영원의 미소≫
- 저녁 바다 위에 고깃배들이 가물가물하다.
- 지현은 가물가물한 의식 속에서 사내의 목소리를 들었다.≪홍성암, 큰물로 가는 큰 고기≫

갸우뚱

사전적 정의

• 물체가 한쪽으로 약간 갸울어지는 모양.

▶ 예문

• 고개를 갸우뚱 숙이다.

• 그녀는 갸우뚱 교태를 지어 들여다보았다.

• 벽에 걸어 둔 그림이 갑자기 갸우뚱 기운다.

▶ 파생어

갸우뚱거리다.

[동사]『(…을)』 물체가 자꾸 이쪽저쪽으로 갸울어지며 흔들리다. 또는 그렇게 하다.

- 풍랑이 일어 배가 좌우로 갸우뚱거린다.
- 차는 갸우뚱거리며 비포장 도로를 가로질러 간다.
- 고개를 갸우뚱거리다.
- 머리를 갸우뚱거리다.
- 단장은 기억이 나지 않는다는 듯 고개를 갸우뚱거렸다.≪최인호, 지구인≫

<u>갸우뚱대다.</u>

[동사]『(…을)』

- 물이 불은 개울에 띄운 종이배가 갸우뚱대다가 침몰하고 만다.
- 그는 고개를 갸우뚱대며 이럴 리가 없다고 생각했다.≪박완서, 미망≫

<u>갸우뚱하다.</u>

[Ⅰ]**[동사]**『(…을)』

- 그녀는 평균대 위에서 왼쪽으로 갸우뚱했으나 곧 중심을 잡았다.
- 그 여자는 의심스러운 표정을 지으며 고개를 갸우뚱했다.
- 그는 머리를 갸우뚱하고 잠시 생각하는 듯했다.

[Ⅱ]**[형용사]** 물체가 한쪽으로 약간 갸울어져 있다.

- 부서진 철탑의 일부가 아직도 갸우뚱하게 서 있다.

▶ 반복형

갸우뚱갸우뚱

▶ 반복형 예문

아이는 고개만 갸우뚱갸우뚱 기울일 뿐 아무런 말이 없다.

갸웃

_사전적 정의

- 고개나 몸 따위가 한쪽으로 조금 갸울어지는 모양.

▶ 예문

- 고개를 갸웃 숙이다.
- 머리를 갸웃 기울이다.
- 그녀가 눈알을 굴리고 수상하다는 듯 갸웃 고개를 돌린다.
- 공주는 하얀 고운 얼굴을 갸웃 기울여 가지고 왕기의 해사한 얼굴을 들여다본다.
≪박종화, 다정불심≫

▶ 파생어

<u>갸웃거리다.</u> [-욷꺼--]

[동사]『…을』 고개나 몸 따위를 이쪽저쪽으로 자꾸 조금씩 갸울이다.

- 소년은 잘 모르겠다는 듯이 고개를 갸웃거린다.
- 그는 그 이야기를 듣고도 믿기지 않는다는 듯이 머리를 갸웃거렸다.
- 머리를 갸웃거려 보았지만 이름이 떠오르지 않았다.≪이상문, 황색인≫

<u>갸웃대다.</u> [-욷때-]

[동사]『…을』

- 꼬마는 호기심으로 이 일 저 일을 갸웃댄다.
- 거제도에 대체 무슨 일이 일어났느냐고 고개를 갸웃대며 신중하게 물어 오지 않았소?≪홍성원, 육이오≫

<u>갸웃하다.</u> [-우타-]

[Ⅰ]**[동사]**『…을』

- 머리를 갸웃하다.
- 강태가 고개를 갸웃하고 묻자, 김 씨는 얼른 두 손을 들어 말 막는 시늉을 하였다.≪최명희, 혼불≫

[Ⅱ]**[형용사]** 한쪽으로 조금 갸울어져 있다.

- 벽에 걸어 둔 액자가 갸웃하다.
- 그의 속눈썹은 약간 갸웃하게 위로 추켜올려져 있었다.

▶ 반복형

갸웃갸웃

경중경중

_사전적 정의

• 긴 다리를 모으고 힘 있게 솟구쳐 뛰면서 계속 걷는 모양.

▶ 예문

• 집 안으로 들어서는데, 누런 수캐가 닭을 쫓으며 경중경중 뛰고 있었다.

▶ 파생어

경중경중하다.

곰곰

사전적 정의

• 여러모로 깊이 생각하는 모양.

▶ 예문

• 곰곰 따져 보다.

• 곰곰 생각하다.

• 선생님은 머리를 숙이고 곰곰 생각에 잠겼다.

곰곰이

_사전적 정의

- 여러모로 깊이 생각하는 모양.

▶ 예문

- 곰곰이 생각에 잠기다.
- 그는 당황하지 않고 곰곰이 혼자 대책을 궁리하였다.

구질구질

_ 사전적 정의

• 상태나 하는 짓이 깨끗하지 못하고 구저분한 모양.

• 날씨가 맑게 개지 못하고 비나 눈이 내려서 구저분한 모양.

▶ 예문

• 흙탕물이 웅덩이에 구질구질 괴다.

• 빨갱이라면 이를 갈아도 시원찮을 그분이 그때 한자리하고 있는 친구를 찾아가 구

질구질 아침을 떠는 눈치더니....≪박완서, 부처님 근처≫

- 진눈깨비가 구질구질 내린다.

▶ **파생어**

구질구질하다.

[형용사]

- 쓰레기가 쌓여 구질구질한 골목길.
- 그는 구질구질한 변명은 전혀 안 하는 성격이다.
- 기차가 서울을 벗어나자 도시 생활의 구질구질하고 번잡스러운 일들이 뇌리에서 깨끗이 사라져 버렸다.
- 마당엔 언제 적 내린 눈이 쓸어 내지도 녹지도 않은 채 먼지를 뒤집어쓰고 있어서 구질구질해 보였다.≪박완서, 오만과 몽상≫
- 구질구질한 날씨.
- 하늘이 구질구질하게 흐려지면서 후두둑 빗방울이 떨어지기 시작했다.
- 밖에는 궁상맞게 구질구질한 겨울비가 내리고 있었다.

굽실

_사전적 정의

- 고개나 허리를 가볍게 구푸렸다 펴는 모양.
- 남의 비위를 맞추느라고 비굴하게 행동하는 모양.

▶ 예문

- 그는 만나는 사람마다 정중하게 굽실 절을 하였다.
- 나는 우쭐해지는 어깨를 바로 가누며 그들을 향해 두어 번 굽실 허리를 굽혀 보였다.≪전상국, 하늘 아래 그 자리≫

▶ 파생어

<u>굽실거리다.</u> [-씰---]

[동사]

• 팔기는 토방 위에 서서 연방 허리를 굽실거려 보였다.≪김춘복, 쌈짓골≫

—『…에게』 남의 비위를 맞추느라고 자꾸 비굴하게 행동하다.

• 주인에게 굽실거리다.

• 정문에서 경비원에게 여러 번 굽실거려 겨우 안으로 들어갔다.

• 그는 고압적인 자세로 마구 삿대질을 하는 것이었으나 그러다가 담박에 풀이 꺾여 굽실거리며 아양을 떠는 적마저도 있었다.≪박태순, 어느 사학도의 젊은 시절≫

굽실대다. [-씰--]

[동사]

• 『…을』
사나이가 노인에게 곧 허리를 굽실대며 그를 정중히 집 안으로 안내한다.≪홍성원, 육이오≫

• 『…에게』
목숨 붙어 있는 한 양반에게 뜯기고 굽실대야 한다.

굽실하다. [-씰--]

[동사]

• 『…을』
그녀는 절을 한 번 굽실하고 가던 길을 갔다.

• 『…에게』
그는 비굴한 미소를 지으며 언니에게 턱없이 굽실하였다.

▶ 반복형

굽실굽실

잘못한 것도 없으면서 사장 앞에만 가면 굽실굽실 하게 된다.

그득하다

_사전적 정의

- 분량이나 수효 따위가 어떤 범위나 한도에 아주 꽉 찬 상태에 있다.
- 빈 데가 없을 만큼 사람이나 물건 따위가 아주 많다.
- 냄새나 빛 따위가 넓은 공간에 널리 퍼져 있다.

▶ 예문

- 쌀독에 쌀이 그득하다.
- 최 교수의 책장은 고서로 그득하다.

• 극장은 영화를 관람하기 위해 온 사람들로 그득하여 발 디딜 틈이 없었다.
• 방안은 은은한 묵향으로 그득했다.

▶ 반복형

그득그득

▶ 반복형 예문

항아리마다 물이 그득그득 담겨 있었다.

주말에는 경기가 열리는 운동장마다 사람들이 그득그득 앉아 있었다.

글썽

_사전적 정의

• 눈에 눈물이 넘칠 듯이 그득하게 고이는 모양.

▶ 예문

• 그녀의 눈에 눈물이 글썽 괴어 있었다.

▶ 파생어

글썽거리다.

[동사] 『…에 (…을)』 눈에 눈물이 자꾸 넘칠 듯이 그득하게 고이다. 또는 그렇게 하다.

• 싸릿대 횃불을 밝혀 든 대감의 주름진 눈에도 눈물이 글썽거렸다.≪현기영, 변방에

우짖는 새≫

- 제 남편의 말을 믿음직한 표정으로 듣고 있던 천안 색시가 남편의 눈길을 피하면서 눈물을 글썽거렸다.≪이호철, 소시민≫

글썽이다.

[동사]『…에 (…을)』 눈에 눈물이 넘칠 듯이 그득하게 고이다. 또는 그렇게 하다.

- 명훈의 두 손을 부여잡고 빤히 올려 보는 그녀의 눈에는 눈물마저 글썽였다.≪이문열, 변경≫
- 아들 녀석은 눈물을 글썽이기 시작하더니 끝내 울음을 터뜨렸다.

글썽하다.

[Ⅰ][동사]『…에 (…을)』

- 감격의 눈물이 글썽하다.
- 계속 어깨를 들먹거리며 울고 있던 순이가 눈물이 글썽한 눈으로 놀란 듯 태영을 쳐다봤다.≪이병주, 지리산≫
- 설마하니 이런 인부 노릇을 하고 있을 줄은 꿈에도 상상 못했다 하면서 눈물을 글썽했다.≪유주현, 하오의 연가≫

[Ⅱ][형용사] 눈에 눈물이 넘칠 듯이 그득하다.

▶ 반복형

글썽글썽

▶ 반복형 예문

꼬마의 눈에는 금새 눈물이 글썽글썽 맺혔다.

기웃

_사전적 정의

• 무엇을 보려고 고개나 몸 따위가 한쪽으로 조금 기울어지는 모양.

▶ 예문

• 찬식이가 부엌을 기웃 들여다보더니 새 자루에 쌀이 부뚜막에 놓인 것을 보고… ≪염상섭, 부부≫

• 혜관은 이리 기웃 저리 기웃 호기심 많은 아이처럼 한눈을 팔며 걷고 있다. ≪박경리, 토지≫

• 그네들은 십여 분 동안이나 이리 기웃 저리 기웃 하며 모친 무덤을 골라 보려 애썼지만....≪이문구, 장한몽≫

▶ 파생어

기웃거리다. [-욷꺼--]

[동사]『…을』

• 너는 아까부터 왜 내 방을 자꾸 기웃거리니?

• 웬 낯선 사람이 대문 밖에서 우리 집을 기웃거리고 있다.

• 다음엔 화랑에 들러서 그림 구경을 했고 종로통 서점가를 좀 기웃거렸고....≪이동하, 도시의 늪≫

• 나는 이곳저곳 난전들을 기웃거렸다.≪윤후명, 별보다 멀리≫

• 남의 것을 탐내는 마음으로 자꾸 슬금슬금 넘겨다보다.

• 어떤 녀석이 내 딸을 자꾸 기웃거리는 거야?

• 유독 젊은 놈들이 눈알을 화등잔같이 밝히고 기웃거렸다.≪송기숙, 녹두 장군≫

기웃대다. [-욷때-]

[동사]『…을』

• 아버지가 파자마 바람으로 식당을 기웃대다가 최 기사를 보더니 좋지 않은 기색을 했다.≪박완서, 도시의 흉년≫

• 상배는 인부들이 묘지기네 집 앞을 기웃대며 시외버스 종점으로 내려가는 뒷모습이 보일 때까지 그렇게 앉아 있었다.≪이문구, 장한몽≫

• 남의 물건 기웃대지 말고 네 것이나 잘 써라.

기웃하다. [-우타-]

[Ⅰ][**동사**]『…을』

- 낮에 가서 만나 보고 왔으면 그만이지, 또 무엇을 그렇게 몸이 달아서 하는가 하고 고개를 기웃하였다.≪염상섭, 후더침≫
- 어윤중이 상반신을 기웃하면서 탁자 건너로 서찰의 내용을 살피려 했다.≪유주현, 대한 제국≫

[Ⅱ][**형용사**] 한쪽으로 조금 기울어져 있다.

- 그녀는 고개를 기웃하게 숙이고 아무 말 없이 앉아만 있었다.
- 그는 아까부터 고개를 기웃하게 하고서 무엇인가를 골똘히 생각하고 있다.

▶ 반복형

기웃기웃

▶ 반복형 예문

소년은 조심스럽게 집 안을 기웃기웃 살피고 있었다.

깜깜

_사전적 정의

- 아주 까맣게 어두운 모양.
- 어떤 사실을 전혀 모르거나 잊은 모양.

▶ 예문

- 잽싸게 달리는 차에서 더욱이 깜깜 어두운 밤에 함부로 뛰어내렸다면, 십상 그런 변을 당하였기가 쉬울 일이었다. ≪채만식, 소년은 자란다≫
- 깜깜 모르다.

• 과거에 무슨 일이 있었던지 장차 어떤 일을 행해야 할지 전혀 깜깜이었다.

▶ **파생어**

깜깜하다.

[형용사]

• 깜깜한 밤

• 옆에서 귀뺨 때려도 모르게 깜깜한 어둠 속에서 돌투성이 고갯길을 오르자니, 자연히 행보가 더뎠다.≪현기영, 변방에 우짖는 새≫

• 희망이 없는 상태에 있다.

• 그녀는 직장도 남편도 없이 오 남매를 키울 생각을 하니 앞이 깜깜하였다.

• 장차 그들이 겪어야 할 험한 고난을 어떻게 이겨야 좋을지 눈앞이 깜깜하기만 하였다.≪문순태, 타오르는 강≫

—『…에』{ '…에' 대신 '…에 대하여'가 쓰이기도 한다}

• 나는 미술에 깜깜하다.

• 그는 여자와 연애하는 데는 아주 깜깜한 사람이었다.

• 모두들 그 일에 대해서는 깜깜하게 모르고 있었다.

깜박

_사전적 정의

- 불빛이나 별빛 따위가 잠깐 어두워졌다 밝아지는 모양. 또는 밝아졌다 어두워지는 모양.
- 눈이 잠깐 감겼다 뜨이는 모양.
- 기억이나 의식 따위가 잠깐 흐려지는 모양.

▶ 예문

- 눈을 깜박 떴다 감았다.
- 아차. 깜박 잊었네.

▶ **파생어**

깜박거리다. [--꺼--]

[동사] 기억이나 의식 따위가 자꾸 잠깐씩 흐려지다.

• 죽음이 목전에 와 있는지 그의 의식이 조금씩 깜박거리는 기색이다.

—『(…을)』

• 불빛이나 별빛 따위가 자꾸 어두워졌다 밝아졌다 하다. 또는 그렇게 되게 하다.

• 나는 무슨 일인가 하여 비상등이 깜박거리는 자동차로 다가갔다.

• 인력거는 지나가고 깜깜한 공중에는 별들만 깜박거린다.

• 눈이 자꾸 감겼다 뜨였다 하다. 또는 그렇게 되게 하다.

• 헤드라이트를 얼굴을 향해 비추는 순간 그의 눈이 깜박거렸다.

• 세모진 눈을 깜박거리더니 언성을 낮추었다.≪김원일, 노을≫

깜박대다. [--때-]

[동사]

—『(…을)』

• 멀리 불빛이 깜박대는 마을 쪽에서 개 짖는 소리가 아득하게 들려온다.≪홍성원, 육이오≫

• 그의 눈은 이렇듯 부지런히 깜박대곤 하는 것이었다.≪한승원, 해일≫

• 눈을 깜박대다.

깜박이다.

[동사] 기억이나 의식 따위가 잠깐씩 흐려지다.

—『(…을)』

• 불빛이나 별빛 따위가 어두워졌다 밝아졌다 하다. 또는 그렇게 되게 하다.

• 아까부터 저 차의 비상등이 계속 깜박이고 있어 이상하다고 생각했습니다.

• 비상등을 깜박이며 앞차를 추월하다.

• 눈이 감겼다 뜨였다 하다. 또는 그렇게 되게 하다.
• 그의 눈이 아무도 모르게 깜박였다.

<u>깜박하다.</u> [-바카-]

[동사]
—『(…을)』
• 먼 곳에서 등불이 깜박하는 것을 보았다.

—『…을』 어떤 것을 기억하지 못하거나 주의를 기울이지 못하다.
• 잠시 약속 시간을 깜박하는 바람에 모임에 늦고 말았다.

▶ 반복형
깜박깜박

▶ 반복형 예문
멀리서는 등대가 깜박깜박 불을 밝히고 있었다.
할머니는 따뜻한 난로 앞에서 깜박깜박 졸고 계신다.

깜짝

_사전적 정의

- 갑자기 놀라는 모양.

▶ 예문

- 남상이는 스스로도 깜짝 놀라게 큰 소리를 지르며 벌떡 일어섰다.≪박완서, 오만과 몽상≫
- 느닷없는 광경에 모두 깜짝 놀랐다.≪송기숙, 암태도≫

▶ **파생어**

깜짝거리다. [--꺼--]

[동사] 자꾸 갑자기 놀라다.

깜짝대다. [--때-]

[동사]

깜짝하다. [-짜카-]

[동사]

• 내가 부르는 소리에 그는 깜짝하고 놀랐다.

▶ **반복형**

깜짝깜짝

▶ **반복형 예문**

민지는 작은 소리에도 깜짝깜짝 놀라서 고개를 들었다.

깡충깡충

_사전적 정의

• 짧은 다리를 모으고 힘 있게 자꾸 솟구쳐 뛰는 모양. '강중강중'보다 세고 거센 느낌을 준다.

▶ 예문

• 깡충깡충 뛰다.

▶ 파생어

깡충깡충하다.

껄껄

_사전적 정의

• 매우 시원스럽고 우렁찬 목소리로 못 참을 듯이 웃는 소리.

▶ 예문

• 큰 소리로 껄껄 웃다.

▶ 파생어

껄껄거리다.

[동사] 매우 시원스럽고 우렁찬 목소리로 못 참을 듯이 계속 웃다.

- 껄껄거리며 웃다.
- 종일 땀에 찌들어 걸레처럼 늘어졌던 몸을 덤벙덤벙 물속에 잠가 가면서 진수와 강백은 소리 내어 껄껄거렸다.≪한수산, 유민≫

껄껄대다.

[동사] 하영근의 얘기를 듣고 권창혁은 껄껄대고 웃었다.≪이병주, 지리산≫

껄껄하다.

[동사] 그는 호탕하게 껄껄하며 웃는다.

껌벅

_사전적 정의

- 큰 불빛이나 별빛 따위가 잠깐 어두워졌다 밝아지는 모양. 또는 밝아졌다 어두워지는 모양.
- 큰 눈이 잠깐 감겼다 뜨이는 모양.

▶ 반복형

껌벅껌벅

▶ 반복형 예문

황소는 커다란 눈을 껌벅껌벅 거렸다.

꼬박꼬박

_사전적 정의

- 조금도 어김없이 고대로 계속하는 모양.
- 남이 시키는 대로 따르는 모양.
- 머리나 몸을 자꾸 앞으로 조금씩 숙였다가 드는 모양.

▶ 예문

- 세금을 꼬박꼬박 내다.
- 내 친구는 일주일에 한 번씩 꼬박꼬박 아버지께 편지를 쓴다.

- 밤에 일하느라 힘들 텐데도 숙제를 꼬박꼬박 잘해 오는 걸 보면 신통하다.
- 태임이는 조금도 잘못한 기색 없이 꼬박꼬박 말대답을 하고도 오히려 못다 한 말을 가까스로 참는 것처럼 어깨로 숨을 쉬며 새근댔다.≪박완서, 미망≫
- 양반들은 농사 첫해부터 소작료를 꼬박꼬박 받아 가기 일쑤였다.≪문순태, 타오르는 강≫
- 일본 사람들이 꼬박꼬박 인사하는 모습이 인상적이다.

▶ 파생어

꼬박꼬박하다. [---바카-]

[동사]『…을』

- 그의 존재를 잊어버린 듯이, 눈을 내려 감고 벽에 기댄 머리를 꼬박꼬박한다.≪현진건, 적도≫

꼭

_사전적 정의

- 야무지게 힘을 주어 누르거나 죄는 모양.
- 힘들여 참거나 견디는 모양.
- 드러나지 않게 단단히 숨거나 들어박히는 모양.

▶ 예문

- 꼭 다문 입술.

- 항아리에 김치를 꾹 눌러 담다.
- 어머니는 아들을 꾹 껴안았다.
- 무서워서 눈을 꾹 감았다.
- 눈물을 꾹 참다.
- 방에 꾹 들어박혀 있다.

▶ 반복형

꾹꾹

▶ 반복형 예문

밥을 꾹꾹 씹어먹어요.

꾹꾹 숨어라. 머리카락 보일라.

꼼꼼

_사전적 정의

• 빈틈이 없이 차분하고 조심스러운 모양.

▶ 예문

• 문제를 꼼꼼 생각하다.

▶ 파생어

꼼꼼하다.

[형용사]

- 그는 매사를 꼼꼼하게 처리한다.
- 이 계획은 오래전부터 꼼꼼하게 준비해 온 것이다.
- 어머니는 집 안 이곳저곳을 꼼꼼하게 쓸고 닦는다.

꼼꼼히

_ 사전적 정의

- = 꼼꼼.
- 빈틈이 없이 차분하고 조심스러운 모양.

▶ 예문

- 꼼꼼히 살피다.
- 신문을 꼼꼼히 읽다.
- 그녀는 수업 계획안을 꼼꼼히 작성하였다.

꼼짝

_사전적 정의

- 몸을 둔하고 느리게 조금 움직이는 모양. '곰작'보다 아주 센 느낌을 준다.

▶ 예문

- 내가 갈 때까지 꼼짝 말고 거기 그대로 있어라.
- 손도 발도 꼼짝 놀릴 수 없고 이제 오직 목구멍 한 군데만 조금 트여 있는 모양이었다.≪한설야, 탑≫

▶ 파생어

꼼짝거리다. 〔--꺼--〕

[동사]『(…을)』 몸을 둔하고 느리게 조금씩 자꾸 움직이다. '곰작거리다'보다 아주 센 느낌을 준다.

- 그는 꼼짝거리지 않고 가만히 앉아 있다.
- 손도 꼼짝거리지 못할 만큼 몸이 아프다.

꼼짝대다. 〔--때-〕

[동사]『(…을)』

꼼짝이다.

[동사]『(…을)』 몸을 둔하고 느리게 조금 움직이다. '곰작이다'보다 아주 센 느낌을 준다.

- 몸이 많이 아픈지 꼼짝이지도 못한다.
- 종일 앓다가 저녁에 겨우 몸을 꼼짝여 죽을 끓여 먹었다.

꼼짝하다. 〔-짜카-〕

[동사]『(…을)』

▶ 반복형

꼼짝꼼짝

꼿꼿

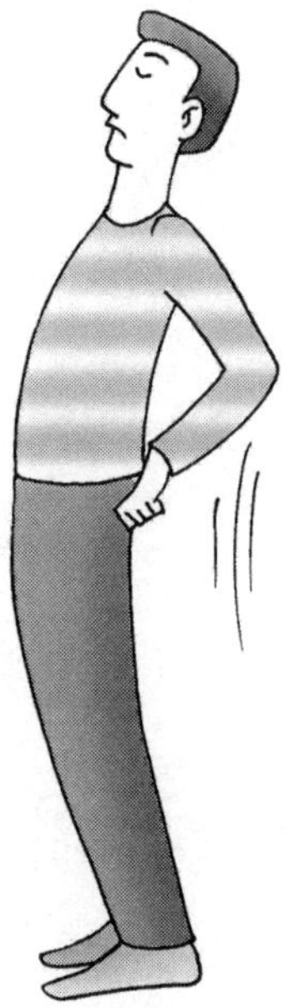

_사전적 정의

[형용사]

- 물건이 휘거나 구부러지지 아니하고 단단하다.
- 사람의 기개, 의지, 태도나 마음가짐 따위가 굳세다.
- 어려운 일을 당하여 꼼짝할 수가 없다.

▶ 예문

- 고개를 꼿꼿하게 쳐들다.
- 허리를 꼿꼿하게 세우다.

- 꽂꽂한 선비의 기질
- 그는 어떤 유혹도 이겨 나갈 꽂꽂한 정신을 지니고 있다.
- 그의 글 곳곳에는 평생 어린이 문학을 위해 헌신한 선생의 꽂꽂한 인생관이 드러난다.

▶ 파생어

꽂꽂이. [꼳--]

[부사]

- 고개를 꽂꽂이 들다.
- 몸을 꽂꽂이 펴다.
- 허리를 꽂꽂이 세우다.
- 그녀는 다시 원래의 자세로 돌아가 앞만을 꽂꽂이 응시하고 있었다.≪이문열, 영웅시대≫
- 누구나 멋있는 옷을 입으면 꽂꽂이 걸어가게 되는 법이다.≪김승옥, 확인해 본 열다섯 개의 고정관념≫

꽁꽁

_사전적 정의

- 물체가 매우 단단히 언 모양.
- 힘주어 단단하게 죄어 묶거나 꾸리는 모양.

▶ 예문

- 물이 꽁꽁 얼다.
- 사지를 만져 보니 꽁꽁 얼음장같이 차다.≪박종화, 전야≫
- 찬장을 열고 행주를 꺼내 보니 쥐어짠 그대로가 꽁꽁 얼어 있다.≪이문희, 흑맥≫
- 풀리지 않게 손을 꽁꽁 묶다.

▶ **파생어**

꽁꽁거리다.

[동사]

- 아프거나 괴로울 때 견디지 못하여 앓는 소리를 자꾸 내다.
- 어디가 아픈지 아이는 밤새도록 꽁꽁거렸다.
- 강아지가 자꾸 짖다.

꽁꽁대다.

[동사]

꽁꽁거리다.

[동사]『(…을)』 작고 가벼운 물건이 잇따라 바닥이나 물체 위에 떨어지거나 부딪쳐 소리가 나다. 또는 그런 소리를 내다.

꽉

_사전적 정의

- 힘을 주어 누르거나 잡거나 묶는 모양.
- 가득 차거나 막힌 모양.
- 슬픔이나 괴로움 따위의 감정을 드러내지 아니하려고 애써 참거나 견디는 모양.

▶ 예문

- 꽉 누르다.
- 꽉 묶다.
- 꽉 붙들다.

- 꽉 안다.
- 꽉 죄다.
- 눈을 꽉 감다.
- 이를 꽉 깨물다.
- 꽉 잡다.
- 방 안은 불길과 연기와 바람으로 꽉 찼다.≪장용학, 역성 서설≫
- 엉성한 공연장이지만 이백여 명이 넘는 관중들이 꽉 들어찼다.≪황석영, 어둠의 자식들≫
- 슬픔을 꽉 누르다.
- 아픔을 꽉 참다.
- 그 구닥다리 시계를 잡히느라 갈팡질팡하던 생각이 나서, 터져 나오려는 웃음을 꽉 깨물었다.≪심훈, 영원의 미소≫

▶ 반복형

꽉꽉

▶ 반복형 예문

소년은 이미 자기 밥그릇에 밥을 꽉꽉 눌러 담고 있었다.

꽝

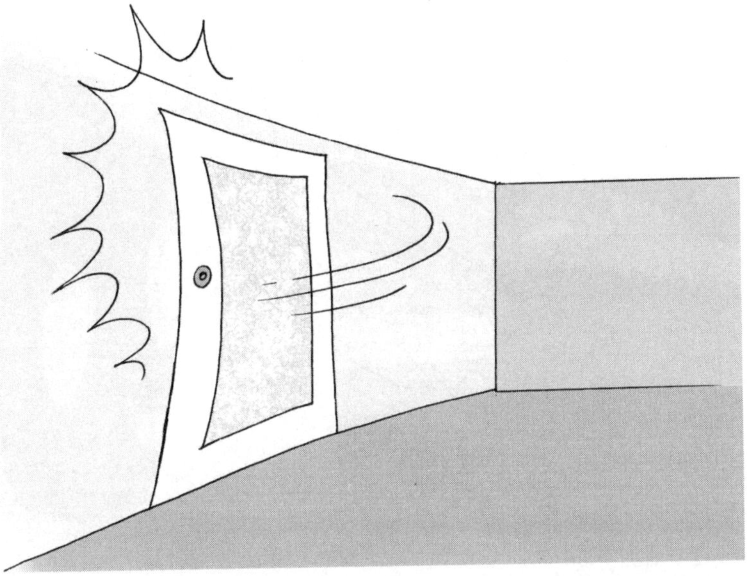

_사전적 정의

- 무겁고 단단한 물체가 바닥에 떨어지거나 다른 물체와 부딪쳐 울리는 소리.
- 총이나 대포를 쏘거나 폭발물이 터져서 울리는 소리.

▶ 예문

- 문을 꽝 닫다.
- 이 말에 채 군수는 상방 마루를 발로 꽝 차며 벌떡 일어났다.≪현기영, 변방에 우짖는 새≫
- 꽈르르 꽝!
- 꽝 소리와 함께 공사장의 발파음이 천지를 진동했다.

꽥꽥

_사전적 정의

• 갑자기 목청을 높여 자꾸 지르는 소리. 또는 그 모양.

▶ 예문

• 꽥꽥 소리를 지르다.

• 초저녁부터 곤드레가 된 일단의 뱃사람들이 어깨동무를 하고 꽥꽥 고함을 지르며 혹은 유행가를 소리 높여 부르며 거리를 쓸고 지나갔다.

▶ 파생어

꽥꽥거리다. [--꺼--]

[동사] 갑자기 목청을 높여 자꾸 소리를 지르다.

• 송사리 떼를 쫓으며 십여 마리의 오리들이 꽥꽥거렸다.≪홍성암, 큰물로 가는 큰 고기≫

꽥꽥대다. [--때-]

[동사]

꽥꽥하다. [-꽤카-]

[동사] 돼지들이 꽥꽥하는 소리에 잠을 깼다.

꾀죄죄

_ 사전적 정의

• 옷차림이나 모양새가 몹시 지저분하고 궁상스러운 모양.

▶ 파생어

[형용사]

• 옷차림이나 모양새가 매우 지저분하고 궁상스럽다. '괴죄죄하다'보다 센 느낌을 준다.

• 꾀죄죄한 옷차림.

• 모두 하나같이 꾀죄죄하고 조선 무말랭이 같은 얼굴들이고 몰골들이다.≪유현종, 들불≫

- 소영은 문득 장터 근처에서 흔히 보아 온 땟국이 꾀죄죄하게 흐른 나이 어린 꼬마들을 상기했다.≪홍성원, 육이오≫
- 마음 씀씀이나 하는 짓이 매우 좀스럽고 옹졸하다. '괴죄죄하다'보다 센 느낌을 준다.
- 꾀죄죄한 짓거리.
- 여자라서 그런지 난 꾀죄죄하지 않고 시원스러운 남자들의 세계가 조금쯤은 부럽고 나도 전쟁터에 가 보고 싶다는 생각이 들어요.≪안정효, 하얀 전쟁≫
- 그녀가 곁에 있는 한 내 죽음의 이유는 하잘것없고 꾀죄죄한 그것만으로도 만족스러웠다.≪윤흥길, 직선과 곡선≫

꾹

_사전적 정의

- 여무지게 힘을 주어 누르거나 죄는 모양.
- 아주 힘들여 참거나 견디는 모양.
- 조금도 드러나지 않게 단단히 숨거나 들어박히는 모양.

▶ 예문

- 모자를 꾹 눌러 쓰다.
- 옆구리를 꾹 찌르다.
- 소녀는 입을 열려다 곧 울음이 북받치는 듯 입술을 꾹 깨물었다.≪오상원, 모반≫

- 승객들 대부분은 눈을 꾹 감고 잠들을 청하고 있었다.≪홍성암, 큰물로 가는 큰 고기≫
- 치미는 분노를 꾹 참다.
- 절간에 꾹 박혀 지내다.
- 두 달이면 새사람이 돼 가지고 나올 테니까 도 닦는 셈치고 꾹 틀어박혀 있겠어.≪유재용, 성역≫

▶ 반복형

꾹꾹

▶ 반복형 예문

아무리 힘들어도 내일까지는 꾹꾹 참아야 했다.

꿀꿀

_사전적 정의

- 물 따위의 액체가 굵은 줄기로 몰리어 흐르는 소리.
- 돼지가 내는 소리.

▶ 예문

- 얼음 밑으로 깔려 내리는 산골물이 꿀꿀 소리를 내며 흐른다.≪이기영, 서화≫

▶ 파생어

꿀꿀거리다.

[동사] 돼지가 자꾸 소리를 내다.

- 장꾼들이 와글거리고 팔려 온 돼지가 꿀꿀거리고 닭장에서 비어져 나간 장닭 한 마리가 볏을 세우며 달아난다.≪박경리, 토지≫

<u>꿀꿀대다.</u>

[동사]

- 그 변소는 깨끗이 꾸민 것이어서 안심하고 뒤를 보려는 찰나, 어디선가 돼지의 꿀꿀대는 소리가 나더니, 큰 놈이 주둥이를 쳐들고 아래로 다가오지 않는가....≪이숭녕, 대학가의 파수병≫

꿈틀

_사전적 정의

• 몸의 한 부분을 구부리거나 비틀며 움직이는 모양. '굼틀'보다 센 느낌을 준다.

▶ 예문

• 아이는 고함 소리에 놀라며 몸을 꿈틀 움츠렸다.

• 끌려 일어서던 노 상사가 꿈틀 몸을 떤 것은 그때였다. 그는 몸을 수그리며 먹은 것을 토해 내기 시작했다.≪한수산, 유민≫

▶ 파생어

꿈틀거리다.

[동사] 『(…을)』 몸의 한 부분이 구부러지거나 비틀어지며 자꾸 움직이다. 또는 그렇게 되게 하다. '굼틀거리다'보다 센 느낌을 준다.

- 벌레들이 꿈틀거리다.
- 화가 나면 그의 짙은 눈썹은 송충이처럼 꿈틀거린다.
- 이따금 소근거리는 말소리도 들렸다. 그는 마치 자기를 의식해 보려는 듯이 몸을 꿈틀거렸다.

꿈틀대다.

[동사] 『(…을)』

- 태아가 배 속에서 꿈틀댄다.
- 제방 너머로는 아직도 선뜩선뜩 차가운 느낌을 주는 바닷물이 음흉스럽게 꿈틀대고 있었다.≪이청준, 당신들의 천국≫
- 장님은 파편에 맞은 듯이 전신을 꿈틀대며 울고 있었다.≪이제하, 소경 눈 뜨다≫

꿈틀하다.

[동사] 『(…을)』

- 청년의 눈썹이 꿈틀하면서 이마에 굵은 골이 패었다.≪김성동, 잔월≫
- 누가 뒷덜미에서 소리를 버럭 지른다. 무망중 우레같이 떨어진 이 소리에 도망꾼은 튕기는 것처럼 몸을 꿈틀하였다.≪현진건, 적도≫

▶ 반복형

꿈틀꿈틀

▶ 반복형 예문

알에서 깬 애벌레가 꿈틀꿈틀 기어 나오고 있다.

끄덕

_ 사전적 정의

- 고개 따위를 아래위로 거볍게 한 번 움직이는 모양.

▶ 예문

- 끄덕 인사하다.
- 대답 대신에 고개를 끄덕 움직이다.

▶ 파생어

끄덕거리다. [--꺼--]

[동사] 『…을』 고개 따위를 아래위로 거볍게 자꾸 움직이다.

- 윤태의 말이 기분에 맞는다는 듯이 취조관은 고개를 크게 끄덕거렸다.≪유주현, 하오의 연가≫
- 되도록 자기 편에서 먼저 무슨 화제를 꺼내는 일 없이 묻는 말에 간단히 대꾸하든가 아니면 고개만 끄덕거려 죽만 맞추는 데 그쳤다.≪선우휘, 사도행전≫

끄덕대다. [--때-]

[동사] 『…을』

- 업힌 아기가 고개를 끄덕대며 졸고 있다.

끄덕이다.

[동사] 『…을』 고개 따위를 아래위로 거볍게 움직이다.

- 고개를 끄덕이다.

끄덕하다. [-더카-]

[동사] 『…을』

- 고개를 끄덕하다.
- 머리를 끄덕하며 인사를 하다.

▶ **반복형**

끄덕끄덕

▶ **반복형 예문**

고개만 끄덕끄덕 하지말고 대답을 해야지.

끌끌

_사전적 정의

- 마음에 마땅찮아 혀를 차는 소리.
- '끄르륵 끄르륵'의 준말.
- '끌끌하다'의 어근.

▶ 예문

- 기가 막혀 혀를 끌끌 차다.

▶ 파생어

끌끌거리다.

[동사] 마음에 마땅찮아 혀를 차는 소리를 자꾸 내다.

• 재섭이 딱하다는 듯 혀를 끌끌거렸다.

낄낄

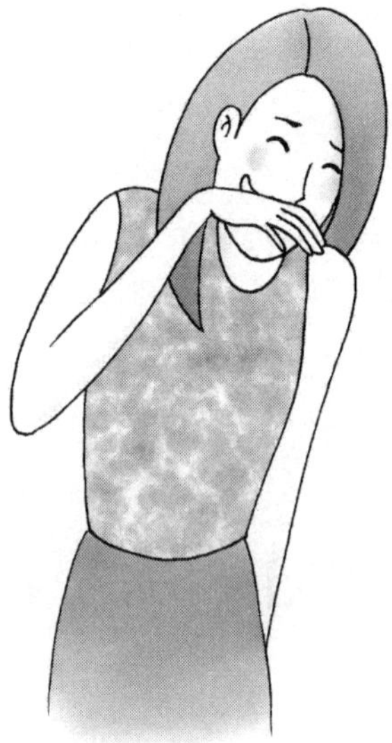

_ 사전적 정의

• 웃음을 억지로 참으면서 입속으로 웃는 소리. 또는 그 모양.

▶ 예문

• 얼굴을 가리고 낄낄 웃다.

▶ 파생어

낄낄거리다.

[동사] 웃음을 억지로 참으면서 입속으로 웃는 소리를 자꾸 내다.

- 능글맞게 낄낄거리다.
- 장교들 사이에 참다 못해 낄낄거리는 웃음소리가 나더니, 급기야는 와하고 웃음보가 터졌다.≪김용성, 리빠똥 장군≫

낄낄대다.

[동사]

- 그의 말을 들은 사람들은 한결같이 낄낄대고 웃었다.
- 동료들이 여자의 엉덩이를 닮았다고 낄낄대며 좋아하던 황금빛 갈대의 구릉들은 예나 다름없이 반갑게 황을 맞이해 주었다.≪박영한, 머나먼 송바 강≫

낄낄하다.

낑낑

_사전적 정의

- 몹시 아프거나 힘에 겨워 괴롭게 자꾸 내는 소리.
- 어린아이가 어리광을 부리며 자꾸 조르거나 보채는 소리.

▶ 예문

- 낑낑 앓다.
- 쌀가마니를 낑낑 짊어지고 가다.

▶ **파생어**

<u>낑낑거리다.</u>

[동사]

- 몹시 아프거나 힘에 겨워 괴롭게 자꾸 소리를 내다.
- 낑낑거리며 쌀가마니를 겨우 쌀독에 넣었다.
- 뭐, 그까짓 일 가지고 낑낑거리고 있나?
- 어려운 수학 문제를 풀려고 낑낑거리다
- 갑자기 그의 이름이 떠오르지 않아서 낑낑거리다가 겨우 생각해 냈다.
- 그는 커다란 돌멩이를 낑낑거리면서 들어서 좀 전에 파묻었던 구덩이 위에 올려놓았다.≪최인호, 지구인≫
- 어린아이가 어리광을 부리며 조르거나 보채는 소리를 자꾸 내다.

<u>낑낑대다.</u>

[동사]

- 낑낑대며 애를 쓰다
- 운전수가 낑낑대며 커다란 참외 부대를 안고 들어와서 안마루에 쾅 하고 내려놓는다.≪염상섭, 대를 물려서≫
- 뭐가 무서워서 여길 못 뜨고 낑낑대는 거냐?≪홍성원, 흔들리는 땅≫

<u>낑낑하다.</u>

나풀나풀

_ 사전적 정의

- 얇은 물체가 바람에 날리어 가볍게 자꾸 움직이는 모양. '나불나불'보다 거센 느낌을 준다.

▶ 예문

- 나풀나풀 까만 머리칼을 날리며 어린아이들이 놀고 있었다.
- 황금빛 은행잎이 나풀나풀 못물 위에 떨어지고 있다.≪김사량, 낙조≫

▶ 파생어

나풀나풀하다. [--라---]

납작납작

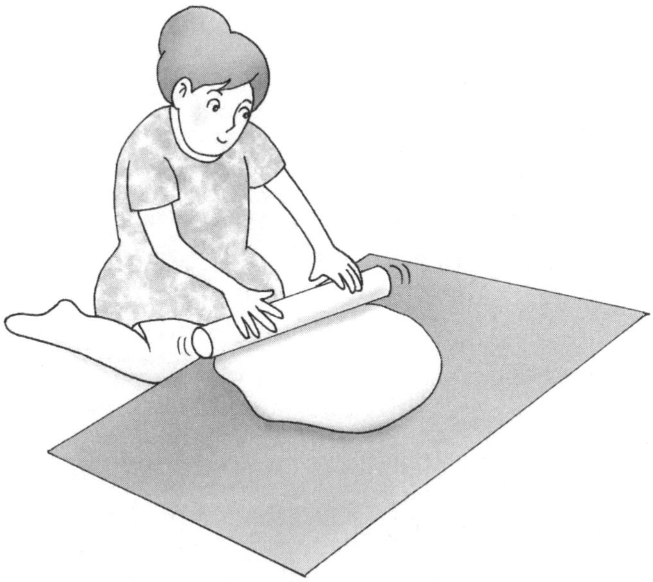

_사전적 정의

- 말대답을 하거나 무엇을 받아먹을 때 입을 냉큼냉큼 벌렸다 닫았다 하는 모양.
- 몸을 바닥에 바짝 대고 냉큼냉큼 엎드리는 모양.
- 여럿이 다 판판하고 얇으면서 좀 넓은 모양.

▶ 예문

- 어린 녀석이 할아버지 말꼬리를 받아 채 가며 납작납작 주둥이를 놀려 댔다.
- 강아지는 아이가 던져 주는 밥을 납작납작 맛있게 받아먹고 있다.
- 앵앵앵 하고 공습경보가 나면 일을 하던 손을 놓고 모두 굴 바닥에 납작납작 엎드려

있어야 했다.≪하근찬, 수난 이대≫

• 그놈들이 벌써 돌팔매가 무서운 줄을 알아서 납작납작 풀 속에 엎드렸다.≪홍명희, 임꺽정≫

• 밀가루 반죽을 납작납작 밀다.

• 어머니는 고기를 납작납작 저며서 전을 만드셨다.

▶ **파생어**

납작납작하다. [-짱-짜카-]

[동사]『…을』

납작납작하다. [-짱-짜카-]

[형용사]

• 아내는 지짐이를 납작납작하게 부쳤다.

• 납작납작한 근처의 기와집들 틈에서 그 집만은 어느 오붓한 산 마을의 교회당처럼 삐죽하게 뎅그렁 솟아 있다.≪이호철, 적막강산≫

넙죽

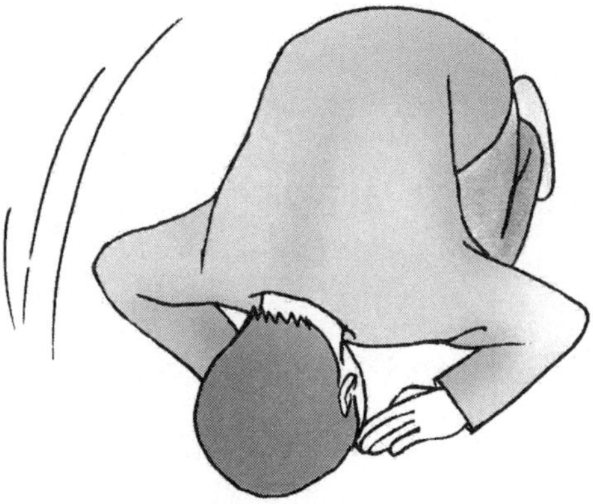

_ 사전적 정의

- 말대답을 하거나 무엇을 받아먹을 때 입을 너부죽하게 닁큼 벌렸다가 닫는 모양.
- 몸을 바닥에 너부죽하게 대고 닁큼 엎드리는 모양.
- 망설이거나 주저하지 않고 선뜻 행동하는 모양.

▶ 예문

- 술을 주는 대로 넙죽 받아 마시다가 금세 취해 버렸다.
- 하인은 용서해 달라고 빌며 바닥에 넙죽 엎드렸다.
- 모자를 벗고 그 자리에서 넙죽 절을 했다.
- 곽 씨는 씨근거리며 어두운 담벼락에 기대어 서더니 제 품으로 들어오는 식모를 넙죽 끌어안아 버렸다.

▶ **파생어**

넙죽거리다. [-쭉꺼--]

[동사]『…을』

• 강아지가 입을 넙죽거리며 고기를 뜯기 시작했다.

넙죽대다. [-쭉때-]

[동사]『…을』

넙죽하다. [-쭈카-]

[동사]『…을』

▶ **반복형**

넙죽넙죽

▶ **반복형 예문**

설날 아침이라 꼬마들은 어른들만 보면 넙죽넙죽 절을 한다.

느릿느릿

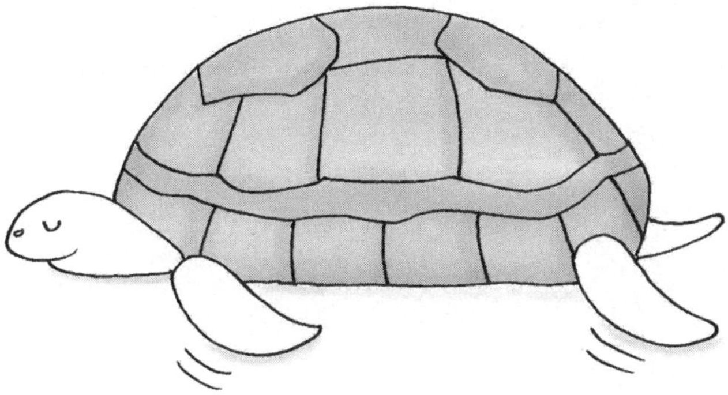

_사전적 정의

- 동작이 재지 못하고 매우 느린 모양.
- 짜임새나 꼬임새가 매우 느슨하거나 성긴 모양.

▶ 예문

- 느릿느릿 걷다.
- 배가 느릿느릿 가고 있다.
- 몇 번을 물으니까 그는 그제서야 느릿느릿 대답했다.
- 심술궂은 암녹색 파도는 느릿느릿 여물을 씹는 소의 입처럼 율동한다.≪안정효, 하얀 전쟁≫
- 일행은 느릿느릿 각자 들고 온 짐을 챙겨서 강쇠를 따라간다.
- 느릿느릿 짠 옷감.

▶ **파생어**

느릿느릿하다. [-릳-리타-]

[형용사]

- 굼벵이처럼 느릿느릿하게 움직이다.
- 그는 느릿느릿하게 걷고 있었는데 때때로 휘청거렸다.≪박경리, 토지≫
- 염상진은 생각에 잠긴 얼굴로 느릿느릿하게 말했다.≪조정래, 태백산맥≫
- 스웨터를 느릿느릿하게 짜다.

다닥다닥

_사전적 정의

- 자그마한 것들이 한곳에 많이 붙어 있는 모양.
- 보기 흉할 정도로 지저분하게 여기저기 기운 모양.

▶ 예문

- 바닷가 바위틈에 따개비들이 다닥다닥 붙어 있다.
- 가시 넝쿨이 잎은 하나도 없이 자줏빛 열매를 다닥다닥 달고 발 밑으로 엉클어져 있었다.≪한수산, 유민≫
- 산 아래 게딱지 같은 판자촌들이 다닥다닥 붙어 있었다.≪최인호, 지구인≫

• 형편이 얼마나 안 좋은지 양말 여기저기를 다닥다닥 기워 신었다.

▶ **파생어**

다닥다닥하다. [--따다카-]

[형용사]

• 다닥다닥하게 붙어 있는 판잣집.

• 갯바위에 굴이 다닥다닥하다.

• 다닥다닥하게 기운 옷일망정 곱게 빨아 입어라.

달그락

_ 사전적 정의

• 작고 단단한 물건이 부딪쳐 흔들리면서 맞닿는 소리.

▶ 예문

• 쇠로 된 부젓가락이 서로 부딪쳐 달그락 소리를 냈다.

▶ 파생어

달그락거리다. [---꺼--]

[동사] 『(…을)』 작고 단단한 물건이 부딪쳐 흔들리면서 맞닿는 소리가 자꾸 나다. 또는 그런 소리를 자꾸 내다.

- 그는 유리잔 속의 얼음 조각들이 달그락거리도록 흔들었다.
- 화가 난 언니는 설거지를 하면서 그릇을 계속 달그락거렸다.

달그락대다. [---때-]

[동사] 『(…을)』

- 찬장에 못질을 했더니 그릇들이 달그락댄다.
- 그는 나막신을 달그락대며 복도를 지나간다.
- 그는 바둑은 안 두고 바둑알만 달그락대고 있다.

달그락하다. [--라카-]

[동사] 『(…을)』

- 얼음이 유리잔 속에 떨어지면서 달그락한다.
- 그는 자물쇠를 달그락하더니 주머니에서 열쇠 꾸러미를 꺼내 열쇠 구멍에 맞추어 본다.

▶ 반복형

달그락달그락

달달

_사전적 정의

- 콩이나 깨 따위를 휘저으며 볶거나 맷돌에 가는 모양.
- 남을 몹시 못살게 구는 모양.
- 물건을 마구 들쑤시며 뒤지는 모양.
- 춥거나 무서워서 몸을 떠는 모양.
- 작은 바퀴가 단단한 바닥을 구르며 흔들리는 소리. 또는 그 모양.

▶ 예문

- 콩을 달달 볶다.
- 식구들을 달달 들볶다.

- 도둑이 집 안을 달달 뒤져 놓았다.
- 추워서 몸을 달달 떨다.
- 무서운 이야기에 모두들 달달 떨었다.
- 세발자전거가 달달 굴러 간다.

▶ **파생어**

달달거리다.

[동사]『(…을)』
- 춥거나 무서워서 몸이 자꾸 떨리다. 또는 그렇게 하다.
- 그는 겁을 먹었는지 온몸이 달달거렸다.
- 불씨가 모두 꺼지자 사람들은 모두들 추워서 턱을 달달거렸다.
- 작은 바퀴 따위가 단단한 바닥을 구르며 흔들리는 소리가 자꾸 나다. 또는 그런 소리를 자꾸 내다.
- 장난감 자동차가 달달거리며 굴러 간다.
- 그는 빈 손수레를 달달거리며 끌고 간다.

달달대다.

[동사]『(…을)』
- 너무 추워서인지 몸이 저절로 달달대기도 하였다.
- 그는 두려움으로 턱을 달달대고 있다.
- 손수레가 달달댄다.
- 어린 소년이 세발자전거를 달달대며 타고 있다.

더듬더듬

_ 사전적 정의

- 무엇을 찾거나 알아보려고 손으로 이리저리 자꾸 만지는 모양.
- 잘 알지 못하는 길을 이리저리 짐작하여 찾는 모양.
- 기억이 뚜렷하지 않은 일을 이리저리 생각해 보는 모양.
- 말을 하거나 글을 읽을 때 순조롭게 하지 못하고 자꾸 막히는 모양.
- 사정을 밝히 알지 못하여 행동을 민첩하게 하지 못하는 모양.

▶ 예문

- 그는 어둠 속에서 더듬더듬 성냥을 찾았다.
- 처음 가는 길이라 이 골목 저 골목을 더듬더듬 헤매고 다녔다.

• 그냥 책을 더듬더듬 읽어 내려갔다.
• 그는 신입 사원이라 업무 처리가 더듬더듬 느릴 수밖에 없다.

▶ **파생어**

더듬더듬하다.

[동사]

—『…을』
• 그는 책상 위를 더듬더듬하며 안경을 찾았다.
• 그 외국인은 한국어가 서툴러서 말을 더듬더듬하였다.

덜덜

_사전적 정의

- 춥거나 무서워서 몸을 몹시 떠는 모양.
- 큰 바퀴 따위가 단단한 바닥을 구르며 흔들리는 소리. 또는 그 모양.
- 사람이 침착하지 못하여 함부로 떠들며 거칠게 행동하는 모양.

▶ 예문

- 사람들은 추운 날씨에 턱을 덜덜 떨었다.
- 무서움에 손이 덜덜 떨려서 밥도 제대로 못 먹는다.
- 노면이 고르지 못해 차가 덜덜 흔들린다.

• 김 서방은 한시도 가만히 못 있고 덜덜 돌아치기만 한다.

▶ **파생어**

덜덜거리다.

[동사] 『(… 을)』

• 춥거나 무서워서 몸이 자꾸 몹시 떨리다. 또는 그렇게 하다.

• 추워서 손이 자꾸 덜덜거린다.

• 비를 맞은 강아지가 추운지 계속 다리를 덜덜거린다.

• 큰 바퀴 따위가 단단한 바닥을 구르며 흔들리는 소리가 자꾸 나다. 또는 그런 소리를 자꾸 내다.

• 비포장도로에 들어섰음을 알리기라도 하듯 차가 몹시 덜덜거린다.

덜덜대다.

[동사] 『(… 을)』

• 추워서 이가 덜덜대며 떨린다.

• 그는 공포에 질려 몸을 덜덜대며 어찌할 바를 몰랐다.

• 차가 덜덜대며 달리다.

• 재봉틀을 덜덜대며 옷을 깁다.

덜덜하다.

[동사] 『(… 을)』

• 어찌나 놀랐는지 아직도 다리가 덜덜한다.

• 차가 너무 오래 되어서 조금만 속도를 내어도 덜덜한다.

덥석

_사전적 정의

• 왈칵 달려들어 닁큼 물거나 움켜잡는 모양.

▶ 예문

• 손을 덥석 잡다.

• 떡을 덥석 베어 물다.

• 보따리를 덥석 받아 들다.

• 어머니는 아기를 덥석 받아 안으셨다.

• 그는 허락도 없이 골치 아픈 일을 덥석 맡아 왔다.

▶ **파생어**

덥석거리다. [-썩꺼--]

[동사] 『…을』 자꾸 왈칵 달려들어 닁큼 물거나 움켜잡다.

• 개가 먹이를 주는 대로 덥석거리는 걸 보니 아마 며칠은 굶었나 보다.

덥석대다. [-썩때-]

[동사] 『…을』

• 고기를 주는 대로 덥석대지 말고 좀 천천히 먹어라.

덥석이다. [-써기-]

[동사] 『…을』 왈칵 달려들어 닁큼 물거나 움켜잡다.

▶ **반복형**

덥석덥석

▶ **반복형 예문**

주는 대로 덥석덥석 받아먹다가 배탈이 나면 어쩌려구.

돌돌

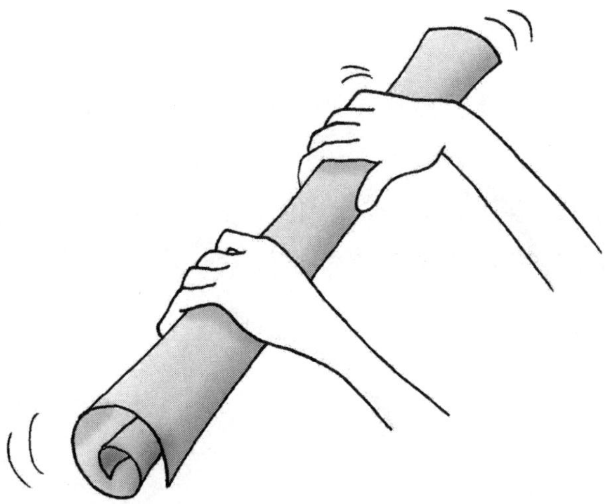

_사전적 정의

- 작고 둥근 물건이 가볍고 빠르게 구르거나 돌아가는 소리. 또는 그 모양.
- 작은 물건이 여러 겹으로 동글하게 말리는 모양.
- 많지 아니한 도랑물이나 시냇물이 좁은 목으로 부딪치며 흐르는 소리. 또는 그 모양.

▶ 예문

- 구슬이 마룻바닥을 돌돌 굴러간다.
- 종이를 돌돌 말다.
- 치맛자락을 손끝으로 돌돌 감아 눈물을 찍어 내고 그냥저냥 바다 쪽을 내다보았다.
  ≪이호철, 소시민≫

- 맑은 시냇물이 돌돌 흘러내리고 있다.
- 울울한 녹음 밑을 돌돌 굴러 내린 골짜기 물이 강바닥 돌이끼까지 선명히 드러내 보이는 해맑은 강물에 허리를 질러 합류하고 있었다.≪전상국, 하늘 아래 그 자리≫

▶ **파생어**

돌돌거리다.

[동사]

- 구슬이 돌돌거리는 소리가 마루에서 난다.
- 많지 아니한 도랑물이나 시냇물이 좁은 목으로 부딪치며 흐르는 소리가 잇따라 나다.
- 시냇물이 돌돌거리며 흘러간다.

동동

_사전적 정의

- 매우 안타깝거나 추워서 발을 가볍게 자꾸 구르는 모양.
- 작은 물체가 떠서 움직이는 모양.
- 작은 북 따위를 잇따라 두드리는 소리.

▶ 예문

- 사람들이 언 발을 동동 구르며 버스를 기다리고 있다.
- 밥알이 동동 뜨다.
- 노국 공주는 은수저에 수정과 국물을 담뿍 떠서 실백 두어 알을 동동 띄워 공자 왕

기의 입속에 흘려 넣는다. 그는 분이 덜 풀렸는지 아직도 발을 동동거리면서 고함을 질러 대고 있다.

▶ **파생어**

동동거리다.

[동사] 『…을』 매우 안타깝거나 추워서 발을 가볍게 자꾸 구르다.

- 그는 분이 덜 풀렸는지 아직도 발을 동동거리면서 고함을 질러 대고 있다.
- 학부모들은 추위도 아랑곳하지 않고 교문 밖에서 발을 동동거리고 있다.

동동대다.

[동사] 『…을』

- 사람들이 버스 정류장에서 발을 동동대며 버스를 기다린다.
- 화장실 앞에서 발을 동동대며 사람들이 줄지어 있다.

동동거리다.

[동사] 『(…을)』 작은 북 따위를 두드리는 소리가 잇따라 나다. 또는 그런 소리를 잇따라 내다.

둥둥

_사전적 정의

- 물체가 떠서 움직이는 모양.
- 마음이 자꾸 들뜨는 모양.

▶ 예문

- 종이배가 개울에서 둥둥 떠내려간다.
- 풍선이 하늘로 둥둥 날아갔다.

▶ 파생어

둥둥거리다.

[동사] 『(…을)』 큰 북 따위를 두드리는 소리가 잇따라 나다. 또는 그런 소리를 잇따라 내다.

- 북이 둥둥거리며 무겁게 울린다.
- 그는 북을 둥둥거리며 마을을 돌아다녔다.

뒤적뒤적

_사전적 정의

- 물건들을 이리저리 들추며 자꾸 뒤지는 모양.
- 물건이나 몸을 자꾸 이리저리 뒤집는 모양.

▶ 예문

- 책장을 뒤적뒤적 넘기다.
- 화롯불을 뒤적뒤적 헤치더니 군밤을 꺼낸다.
- 나는 낙서장을 펼쳐 그 부분을 뒤적뒤적 찾았다.≪윤후명, 별보다 멀리≫
- 걱정 때문에 밤새 뒤적뒤적 잠을 이룰 수 없었다.

▶ **파생어**

뒤적뒤적하다. [--뛰저카-]

[동사]『…을』

- 가방 속을 뒤적뒤적하다
- 책을 뒤적뒤적하다가 재미있는 말을 찾아냈다.
- 어머니의 고심은 이만저만한 것이 아니었다. 장롱을 가끔 뒤적뒤적하신다. 그것은 어머니의 옷에서 내 옷으로 바꾸어질 것을 고르시는 것이다.≪이숭녕, 대학가의 파수병≫
- 그는 무슨 고민이 있는지 몸을 뒤적뒤적하다가 뜬눈으로 밤을 새웠다.

듬뿍

_사전적 정의

- 넘칠 정도로 매우 가득한 모양.
- 매우 수북한 모양.
- 먹이나 칠 따위를 매우 충분히 묻힌 모양.

▶ 예문

- 정이 듬뿍 담긴 위로의 말.
- 밥을 그릇에 듬뿍 담다.
- 사랑을 듬뿍 받다.
- 양념을 듬뿍 넣어야 음식 맛이 좋다.
- 붓에 먹을 듬뿍 묻혀 글씨를 쓰다.

▶ **파생어**

<u>듬뿍하다.</u> [-뿌카-]

[형용사]

• 산에만 오면 순이는 어머니 품속에 안긴 것처럼 마음이 듬뿍하여 온갖 새들과 함께 노래 부르고 싶었다.≪정비석, 성황당≫

▶ **반복형**

듬뿍듬뿍

▶ **반복형 예문**

상자마다 과자와 사탕이 듬뿍듬뿍 담겨 있었다.

듬성듬성

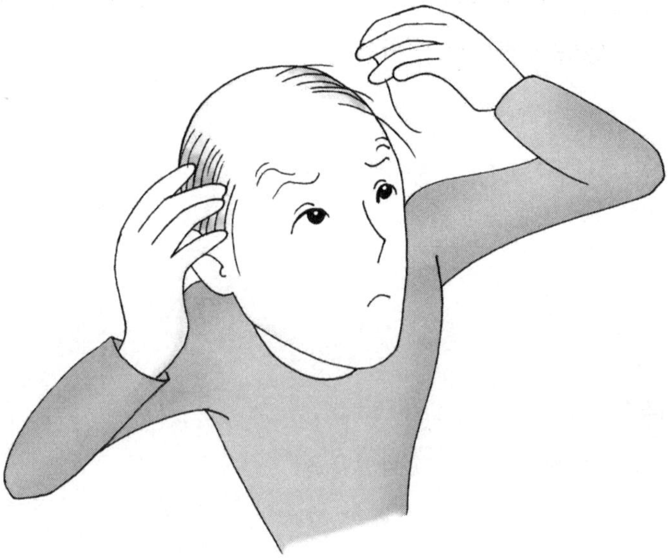

_ 사전적 정의

- 매우 드물고 성긴 모양.

▶ 예문

- 바위가 듬성듬성 박힌 산.
- 나무를 듬성듬성 심다.
- 야구장에는 사람들이 듬성듬성 앉아 있었다.
- 어느새 그도 눌러쓴 모자 밑으로 듬성듬성 흰 머리카락이 보이는 나이가 되었다.
- 누런 물이 그득히 괴어 있는 못자리엔 퍼런 모가 듬성듬성 꽂혀 있었다.≪이동하, 우울한 귀향≫

▶ **파생어**

<u>듬성듬성하다.</u>

[형용사]

- 아들은 고등학생이 되면서 수염이 듬성듬성하게 났다.
- 황토와 석비레 흙이 버무려진 무덤에는 잔디가 듬성듬성했다.≪한승원, 해일≫

따끔

_사전적 정의

- 따가울 정도로 매우 더운 느낌.
- 마음에 큰 자극을 받아 따가운 느낌.
- 찔리거나 꼬집히는 것처럼 아픈 느낌.

▶ 예문

- 모기가 따끔 무는 통에 잠을 깨고 말았다.

▶ 파생어

<u>따끔거리다.</u>

[동사] 따가울 정도로 매우 더운 느낌이 자꾸 들다.

따끔거리는 햇살에 눈살을 찌푸리다.

—『…이』

- 마음에 큰 자극을 받아 따가운 느낌이 자꾸 들다.
- 그는 따끔거리는 눈총을 받으며 회의장 밖으로 나왔다.
- 찔리거나 꼬집히는 것처럼 아픈 느낌이 자꾸 들다.
- 벌레 물린 곳이 따끔거린다.

<u>따끔대다.</u>

[동사]

- 한여름 햇볕이 따끔대서 외출도 못했다.
- 그는 등 뒤에 따끔대는 시선을 느끼면서도 애써 태연한 척했다.
- 유리 파편을 밟은 모양인지 발바닥이 따끔댄다.

<u>따끔하다.</u>

[형용사]

- 따끔한 충고
- 한 마디 따끔하게 쏘아붙이다.
- 그런 녀석에게는 따끔한 맛을 보여 주어야 한다.
- 가시에 찔린 손가락이 따끔하다.

따르릉

_사전적 정의

- 전화벨이나 자명종 따위가 한 번 울리는 소리.

▶ 예문

- 전화가 따르릉 울렸다.
- 따르릉 하는 소리가 나자마자 이모는 기다렸다는 듯이 뛰어가 전화를 받는다.

▶ 파생어

따르릉거리다.

[동사] 『(…을)』

- 전화가 따르릉거리다.
- 자명종이 따르릉거리는데도 형은 피곤에 지쳐 일어나지 못했다.
- 동네 아저씨가 무척이나 바쁜 듯 자전거 벨을 따르릉거리고 손까지 휘저으며 지나갔다.

<u>따르릉대다.</u>

[동사] 『(…을)』

- 따르릉대는 자명종 소리에 잠이 깼다.
- 자전거가 종소리를 따르릉대며 지나가다.

▶ 반복형

따르릉따르릉

딱

_사전적 정의

- 활짝 바라지거나 벌어진 모양.
- 빈틈없이 맞닿거나 들어맞는 모양.
- 갑자기 마주치는 모양.
- 굳세게 버티는 모양.
- 단단히 달라붙은 모양.
- 태도가 여유 있고 의젓한 모양.

▶ 예문

- 어깨가 딱 바라지다.
- 입을 딱 벌리다.

- 그는 눈을 딱 부릅뜨고 말했다.
- 그 말이 딱 맞다.
- 옷이 딱 맞다.
- 술은 딱 한 잔만 마셨다.
- 딱 일주일만 더 기다려 주십시오.
- 모두 합치면 딱 일만 원이 된다.
- 오늘은 소풍 가기에 딱 좋은 날씨이다.
- 이렇게 멍하니 있다가는 딱 굶어 죽기 알맞겠다.
- 시선이 딱 마주치다.
- 막상 그녀 앞에 딱 마주 서면 나는 아무 말도 할 수 없었다.
- 그는 산처럼 앞을 딱 가로막고 서 있다.
- 딱 버티고 서서 비켜 주지 않는다.
- 몸에 딱 붙는 셔츠
- 포스터를 게시판에 딱 붙였다.
- 아이는 처음에 도망치려 했지만 두 발이 제자리에 딱 붙어 버린 듯 움직여지지 않았다.≪최인호, 지구인≫
- 딱 앉아서 기다리고 있다.

▶ 반복형

딱딱

▶ 반복형 예문

책상 줄을 딱딱 맞추세요.

뚝

_ 사전적 정의

- 계속되던 것이 아주 갑자기 그치는 모양.
- 말이나 행동 따위를 매우 단호하게 하는 모양.
- 다 쓰고 아주 없는 모양.
- 성적이나 순위 따위가 두드러지게 떨어지는 모양.
- 거리가 많이 떨어져 있는 모양.
- 큰 물체나 물방울 따위가 아래로 떨어지는 소리. 또는 그 모양.
- 크고 단단한 물체가 부러지거나 끊어지는 소리. 또는 그 모양.
- 단단한 물체를 한 번 두드리는 소리. 또는 그 모양.
- 아주 거침없이 따거나 떼는 모양.

▶ 예문

- 울음을 뚝 그치다.
- 소식이 뚝 끊어지다.

- 뚝 잘라 말하다.
- 시치미를 뚝 떼다.
- 뚝 부러지게 행동해라.
- 월말이 되니 돈이 뚝 떨어졌다.
- 성적이 뚝 떨어지다.
- 학교는 우리 집에서 뚝 떨어져 있다.
- 아버지는 어머니와 뚝 떨어져 걸어가셨다.
- 호박이 지붕에서 뚝 떨어졌다.
- 굵은 물방울이 뚝 떨어졌다.
- 나무가 뚝 부러지다.
- 뼈가 뚝 부러지다.
- 그는 친구의 어깨를 뚝 쳤다.
- 떡을 뚝 떼어 주다.
- 나무에 매달린 사과를 뚝 따다.

▶ 반복형

뚝뚝

▶ 반복형 예문

시커먼 하늘에서는 굵은 빗방울이 뚝뚝 떨어지기 시작하였다.

뚱뚱

_ 사전적 정의

- 살이 쪄서 몸이 옆으로 퍼진 모양.
- 물체의 한 부분이 붓거나 부풀어서 두드러져 있는 모양.

▶ 예문

- 그렇게 먹으니 살만 뚱뚱 찔 수밖에!
- 뱀한테 물린 다리가 뚱뚱 부어오르기 시작했다.
- 잠도 잘 못 자고 이튿날 낯이 뚱뚱 부어서 제시간에 재판소에 들어왔다.≪김동인, 약한 자의 슬픔≫

▶ **파생어**

뚱뚱하다.

[형용사]

- 몸이 뚱뚱하다.
- 뚱뚱한 몸매
- 그 사람은 옛날에는 뚱뚱했는데 지금은 아주 날씬해졌다.
- 상사가 두 손을 머리 위로 쳐든 채 마당으로 내려선 뚱뚱한 소령을 내려다보았다.≪홍성원, 육이오≫
- 뚱뚱하게 부어오른 다리.

멀뚱멀뚱

_사전적 정의

- 눈빛이나 정신 따위가 멍청하고 생기가 없는 모양.
- 눈만 둥그렇게 뜨고 다른 생각이 없이 물끄러미 쳐다보는 모양.
- 국물 같은 것이 건더기가 적거나 덜 끓어서 멀건 모양.

▶ 예문

- 그는 하루 종일 멀뚱멀뚱 앉아 있기만 했다.
- 그는 상처가 심한지 병상에 누워 천장만 멀뚱멀뚱 쳐다보고 있었다.
- 팥죽에 물이 많아 멀뚱멀뚱 묽다.

▶ **파생어**

멀뚱멀뚱하다.

[Ⅰ][**동사**]『…을』

• 나는 너무 놀라서 눈만 멀뚱멀뚱하며 아무 말도 못했다.

[Ⅱ][**형용사**]

• 며칠을 굶어서인지 어른 아이 할 것 없이 멀뚱멀뚱한 눈으로 우리를 바라보았다.

멍멍

_사전적 정의

• 개가 짖는 소리

▶ 예문

• 집에 손님이 들어오자 개가 멍멍 짖어 댔다.

▶ 파생어

멍멍거리다.

[동사]

• 낯선 사람을 보고 개가 멍멍거린다.

무럭무럭

_사전적 정의

- 순조롭고 힘차게 잘 자라는 모양.
- 연기나 냄새, 김 따위가 계속 많이 피어오르는 모양.
- 느낌이나 생각 따위가 마음속에서 계속 일어나는 모양.

▶ 예문

- 무럭무럭 크는 아이들.
- 아이는 하루가 다르게 무럭무럭 자랐다.
- 칠월의 찌는 듯한 폭염 밑에서 녹음은 무럭무럭 가지를 뻗고 새잎을 틔우고 있다.≪홍성원, 육이오≫

• 들에서는 아지랑이가 무럭무럭 피어오른다.

• 큰 가마솥에서는 김이 무럭무럭 났다.

• 방향 없는 반발이 무럭무럭 솟아나기 시작하는 것이었다.≪김승옥, 환상 수첩≫

문득

_사전적 정의

- 생각이나 느낌 따위가 갑자기 떠오르는 모양.
- 어떤 행위가 갑자기 이루어지는 모양.

▶ 예문

- 문득 깨닫다.
- 문득 떠오르다.
- 그렇게 말끝을 흐리던 시어머니는 문득 가족들 안부를 잊었다는 생각이 들었던지

어조를 바꾸어 물었다.≪이문열, 영웅 시대≫

- 문득 고개를 들어 하늘을 올려다보았다.
- 그는 쓴웃음을 짓더니 문득 말머리를 돌렸다.
- 묵묵히 발길을 내딛다 말고 그는 문득 걸음을 멈추었다.
- 시선은 아득히 하늘을 향한 채 효진이 문득 입을 연다.≪홍성원, 육이오≫

▶ 반복형

문득문득

▶ 반복형 예문

옛날에 살던 동네가 문득문득 떠올라요.

바삭

_ 사전적 정의

- 가랑잎이나 마른 검불 따위의 잘 마른 물건을 가볍게 밟는 소리. 또는 그 모양.
- 보송보송한 물건이 가볍게 바스러지거나 깨지는 소리. 또는 그 모양.
- 단단하고 부스러지기 쉬운 물건을 깨무는 소리. 또는 그 모양.

▶ 예문

- 바삭 낙엽 밟는 소리가 듣기 좋다.
- 나뭇단 속에서 쥐가 바삭 소리를 내자 고양이가 귀를 쫑긋했다.

▶ 반복형

바삭바삭

▶ **반복형 예문**

발밑에 나뒹구는 낙엽을 밟으며 걷노라니 바삭바삭 소리만 들린다.

아이가 흙으로 만든 인형은 너무 말라 바삭바삭 부스러졌다.

바짝

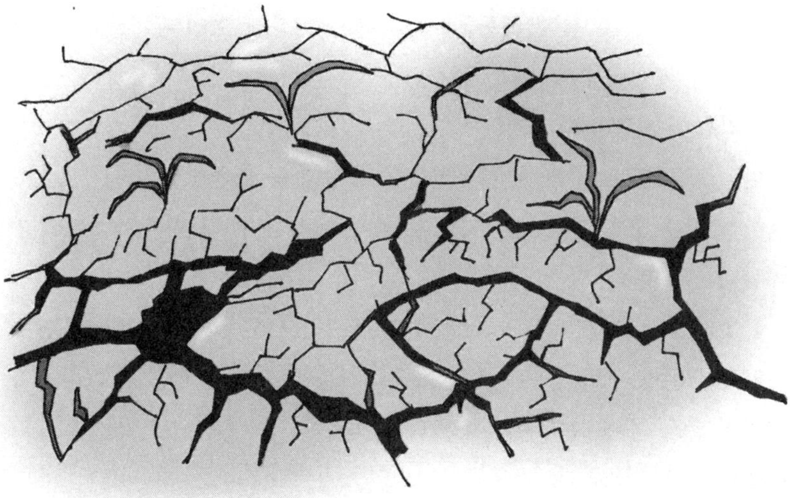

_사전적 정의

- 물기가 자꾸 매우 마르거나 졸아붙거나 타 버리는 모양.
- 자꾸 매우 가까이 달라붙거나 세게 죄는 모양.
- 매우 거침새 없이 자꾸 늘거나 주는 모양.
- 자꾸 매우 긴장하거나 힘 주는 모양.
- 몸이 자꾸 매우 마르는 모양.
- 무슨 일을 자꾸 매우 거침새 없이 빨리 마무르는 모양.
- 매우 세차게 자꾸 우기는 모양.

▶ 예문

- 입이 바짝바짝 타다.
- 손전등의 불빛이 얼굴로 쏟아지는 순간 피가 바짝바짝 타들고 숨이 딱 멎는 그 환장할 것 같은 기분에 비하면....≪조정래, 태백산맥≫
- 나사를 바짝바짝 죄다.
- 그녀의 몸을 친친 감고 통에 테를 매듯 바짝바짝 죄어 오던, 두 발도 더 될 것 같은 기다란 구렁이....≪문순태, 타오르는 강≫
- 가뭄으로 강물이 바짝바짝 줄어든다.
- 시험이 며칠 안 남았으니 바짝바짝 정신들 차리고 공부해라.
- 무슨 일이 있어도 구월 안으로 한양으로 돌아가야 했다. 김 프란치스코의 가슴은 바짝바짝 탔다.≪한무숙, 만남≫
- 구슬픈 곡조가 흐르고 붉고 푸른 조명이 박수를 받으며 빙글빙글 돌아가면 예쁜 아가씨가 나와서 식은땀이 바짝바짝 솟는 그네타기를 하고....≪김승옥, 환상 수첩≫
- 속을 끓이어 날로 몸이 바짝바짝 마른다.
- 바짝바짝 서둘러서 끝내다.
- 자기가 옳다고 기승을 부리며 바짝바짝 우긴다.
- 그는 부모에게 바짝바짝 대들며 기어이 고집을 부렸다.

▶ 반복형

바짝바짝

▶ 반복형 예문

가뭄으로 갈라진 논바닥을 보는 농부의 마음도 바짝바짝 타들어갔다.

모르는 문제를 앞에 두고 영미는 입이 바짝바짝 탔다.

박박

_사전적 정의

- 야무지게 자꾸 긁거나 문대는 소리. 또는 그 모양.
- 얇고 질긴 종이나 천 따위를 자꾸 찢는 소리. 또는 그 모양.
- 반들반들해지도록 자꾸 닦거나 깎는 모양.
- 머리털이나 수염 따위를 아주 짧게 깎은 모양.
- 상기되어 자꾸 기를 쓰거나 우기는 모양.
- 박박 대들다.
- 이 따위를 야무지게 자꾸 가는 소리. 또는 그 모양.

▶ 예문

- 바가지를 박박 긁다.

- 등을 박박 긁어 다오.
- 낙엽이 너무 많아 갈퀴로 박박 긁었다.
- 서류를 박박 찢다.
- 마룻바닥을 박박 문대다.
- 거울을 박박 닦다.
- 박박 대패질하다.
- 그는 배지를 소매에 박박 문질러 윤을 냈다.
- 머리를 박박 깎은 열일곱의 고보 이년생인 그가 웅크리고 있다. ≪이문열, 영웅 시대≫
- 박박 대들다.
- 동생은 울면서 박박 악을 썼다.

▶ 파생어

박박거리다. [-빡꺼--]

- 잠을 잘 때 이를 박박거리며 간다.
- 그렇게 계속 박박거리지 말고 양보해라.

반들반들

_사전적 정의

- 거죽이 아주 매끄럽고 윤이 나는 모양.

▶ 예문

- 반들반들 윤기가 흐르다.
- 구두를 반들반들 윤이 나게 닦았다.
- 초롱을 든 학명은 성큼성큼 목도꾼들에 의해 반들반들 길이 난 산을 올라갔다.
- 그 이파리들은 금방 들기름으로 먼지를 닦아 낸 것처럼 반들반들 윤기가 돌았다.

▶ **파생어**

반들반들하다.

[형용사]

- 반들반들한 마룻바닥.
- 모서리가 닳아서 반들반들하다.
- 장롱에 기름칠을 하니 반들반들하게 윤이 난다.

반짝

_사전적 정의

- 작은 빛이 잠깐 나타났다가 사라지는 모양.
- 정신이 갑자기 맑아지는 모양.
- 어떤 생각이 갑자기 머리에 떠오르는 모양.
- 마음이 끌려 귀가 갑자기 뜨이는 모양.
- 무엇이 순간적으로 분명하게 보이는 모양.
- 잠을 자지 않고 밤을 지내는 모양.
- 물건을 아주 가볍게 들어 올리는 모양.
- 물건의 끝이 갑자기 높이 들리는 모양.
- 몸의 한 부분을 갑자기 위로 들어 올리는 모양.
- 눈을 갑자기 크게 뜨는 모양.

▶ **예문**

- 칼날이 반짝 빛났다.
- 어둠 속에서 불빛이 반짝 빛났다.
- 정신이 반짝 들다.
- 잠이 반짝 깨다.
- 술이 반짝 깨다.
- 머리가 아찔하면서도 정신은 반짝 났다.≪염상섭, 삼대≫
- 별안간 댕댕 소리와 함께 발등에 물을 뿌리고 물차가 지나가니 그는 비로소 산 듯이 정신기가 반짝 난다.≪김유정, 땡볕≫
- 해결책이 반짝 떠오르다.
- 고향 생각이 반짝 머리를 스치고 지나갔다.
- 물건이나 사람, 일 따위가 빨리 없어지거나 끝나는 모양.
- 날이 반짝 개었다가 이내 다시 비가 흩뿌렸다.
- 귀가 반짝 뜨이다.
- 삼경에 들어온 해적이 날 샐 때에 비로소 물러가서 성안에서 군사나 백성 할 것 없이 하룻밤을 반짝 새우게 되었다.≪홍명희, 임꺽정≫
- 그 노인은 무거운 쌀가마니를 반짝 들어 올렸다.
- 그는 어린애를 반짝 안아서 차에 태웠다.
- 몸의 한 부분을 갑자기 위로 들어 올리는 모양.
- 손을 반짝 들다.
- 아이들은 고개를 반짝 들고 칠판을 쳐다보았다.
- 그는 처음 듣는 소리라는 듯이 반짝 눈을 뜨며 나를 쳐다보았다.

▶ **파생어**

반짝거리다. [--꺼--]

[동사] 『(…을)』 작은 빛이 잇따라 잠깐 나타났다가 사라지다. 또는 그렇게 되게 하다.

- 반짝거리는 별빛.

• 멀리서 불빛이 반짝거리다.
• 눈을 반짝거리다.

반짝대다. [--때-]

[동사] 『(…을)』
• 별빛이 반짝대다.
• 웃을 때 금니가 반짝댔다.

반짝이다.

[동사] 『(…을)』 작은 빛이 잠깐 나타났다가 사라지다. 또는 그렇게 되게 하다.
• 불빛에 반짝이는 금발 머리.
• 구두가 반짝이다.
• 아이들이 눈망울을 반짝이며 열심히 듣는다.

반짝하다. [-짜카-]

[동사]
• 정신이 반짝했다 금방 사그러진다.
• 담배를 끊어야겠다는 생각이 반짝했으나 곧 흐지부지 되었다.

▶ 반복형

반짝반짝

▶ 반복형 예문

밤 하늘의 별이 반짝반짝 예쁘게 빛나고 있다.

방글방글

_사전적 정의

• 입을 조금 벌리고 소리 없이 자꾸 귀엽고 보드랍게 웃는 모양.

▶ 예문

• 아기가 살포시 잠을 깨더니 방글방글 웃는다.

▶ 파생어

방글방글하다.

버럭

_사전적 정의

• 성이 나서 갑자기 기를 쓰거나 소리를 냅다 지르는 모양.

▶ 예문

• 소리를 버럭 지르다.
• 아무래도 미심쩍어 계속 추궁하자 아들은 전에 없이 버럭 화를 냈다.≪최일남, 그 때 말이 있었네≫

▶ 파생어

버럭거리다.

▶ 반복형

버럭버럭.

▶ 반복형 예문

화가 난 선생님은 소리를 버럭버럭 지르기 시작하셨다.

번쩍

_사전적 정의

- 물건을 매우 가볍게 들어 올리는 모양.
- 물건의 끝이 갑자기 아주 높이 들리는 모양.
- 몸의 한 부분을 갑자기 위로 높이 들어 올리는 모양.
- 눈을 갑자기 아주 크게 뜨는 모양.

▶ 예문

- 그는 꽉 찬 석유통을 번쩍 들고 날랐다.
- 꼼짝도 안 하던 바위가 지렛대를 이용하니 번쩍 들렸다.

• 손을 번쩍 들다.
• 고개를 번쩍 치켜들다.
• 눈을 번쩍 뜨고 노려보다.
• 그는 갑자기 무슨 생각이 났는지 감았던 눈을 번쩍 뜨며 자리에서 일어났다.

▶ **파생어**

<u>번쩍거리다.</u> [--꺼--]

[동사]『(…을)』 큰 빛이 잇따라 잠깐 나타났다가 사라지다. 또는 그렇게 되게 하다.
• 번쩍거리는 네온사인.
• 번개가 번쩍거리다.
• 궁전 문밖에는 칼과 창이 햇빛에 서리 빛같이 번쩍거려서 수천 수백의 의장병들이 철옹성 같은 경계를 이루었으나….≪박종화, 임진왜란≫
• 칼을 번쩍거리며 휘두르다.
• 푸르고 붉은 두 줄의 네온을 번쩍거리고 있는 여관을 찾아 들어갔다.≪백도기, 청동의 뱀≫

<u>번쩍대다.</u> [--때-]

[동사]『(…을)』
• 번쩍대는 다이아몬드.
• 불꽃놀이가 시작되자 하늘이 온통 번쩍대기 시작하였다.
• 어떤 사람이 멀리서 횃불을 번쩍대며 걸어오고 있다.

<u>번쩍이다.</u>

[동사]『(…을)』 큰 빛이 잠깐 나타났다가 사라지다. 또는 그렇게 되게 하다.
• 번쩍이는 금반지.

• 번갯불이 번쩍이다.
• 가슴에 달린 배지가 햇빛에 번쩍였다.
• 손전등을 번쩍여 신호를 보내다.

<u>번쩍하다.</u> [-쩌카-]

[동사]
• 번쩍하고 정신이 들다.
• 나는 딴생각을 하다가 친구가 부르는 소리에 번쩍하며 정신이 났다.
• 오래전에 헤어진 그녀 생각이 번쩍하고 스쳐 지나갔다.
• 홀연 이순신 장군의 머릿속에는 번쩍하고 이런 생각도 떠오른다.≪박종화, 임진왜란≫
• 세 사람이 번쩍하더니 일은 순식간에 모두 끝이 났다.
• 나는 딴생각을 하다가 선생님이 호명하는 소리에 귀가 번쩍하였다.
• 맞은편에 서 있던 남자의 손이 딴 사람의 가방 속으로 들어가는 것이 번쩍하며 눈에 보였다.
• 강물이 햇빛에 번쩍하다.
• 창문이 흐려지고 방 안이 어두컴컴해졌다. 이어 새파란 불빛이 번쩍하고, 천둥이 울었다.≪한승원, 해일≫
• 저 멀리서 자가용 한 대가 헤드라이트를 번쩍하며 갑자기 나타났다.

▶ 반복형
번쩍번쩍

▶ 반복형 예문
새로 산 구두는 번쩍번쩍 광이 났다.

벌떡

_사전적 정의

- 눕거나 앉아 있다가 조금 큰 동작으로 갑자기 일어나는 모양.
- 갑자기 뒤로 번듯하게 자빠지거나, 몸이나 몸의 일부를 젖히는 모양.

▶ 예문

- 자리에서 벌떡 일어서다.
- 최 씨가 다시 통증이 시작되는지 침대에서 벌떡 일어나 앉았다.≪홍성원, 육이오≫
- 벌떡 드러눕다.

• 윤 생원은 마룻바닥에 벌떡 뒤로 나가떨어져 버렸다.≪하근찬, 야호≫

▶ 파생어

<u>벌떡거리다.</u> [--꺼--]

[동사]

—『(…을)』 맥박이나 심장이 조금 거칠고 크게 자꾸 뛰다.

• 심장이 벌떡거리다.

• 경인선 철도 부지로 들어간 전답만 생각하면 염통에 불붙는 듯 가슴이 벌떡거렸다. ≪문순태, 타오르는 강≫

• 이때껏 번듯이 누운 채 두 팔을 이마에 얹고 숨을 벌떡거리고만 있던 질만이 발딱 일어나 앉았다.≪한승원, 해일≫

• 큰 몸집의 사람이나 동물 따위가 힘을 쓰거나 어떤 행동을 하고 싶어서 안타깝게 자꾸 애를 쓰다.

• 퇴장당한 그 선수는 의자에 가만히 앉아 있지 못하고 벌떡거렸다.

• 젊은 목수는 계속 사지를 벌떡거리는 늙은 목수를 부축하느라 경황없어 했고….≪이문구, 장한몽≫

—『…을』 액체를 거침없이 빠르게 잇따라 들이켜다.

• 목이 말라 물을 벌떡거리며 마시다.

<u>벌떡대다.</u> [--때-]

[동사]

—『(…을)』

• 벌떡대는 가슴을 진정하기 위해 냉수를 한 바가지나 마셨다.

• 그는 숨을 벌떡대며 뛰어왔다.

<u>벌떡이다.</u>

[동사]

—『(…을)』 맥박이나 심장이 조금 거칠고 크게 뛰다.

• 벌떡이는 심장.

• 그녀는 자꾸만 가슴이 벌떡이는 것을 진정시키려고 심호흡을 했다.≪조정래, 태백산맥≫

• 그는 상기하여 약 오른 뱀눈이 되고…앙상한 가슴을 벌떡이었다.≪김유정, 형≫

• 큰 몸집의 사람이나 동물 따위가 힘을 쓰거나 어떤 행동을 하고 싶어서 안타깝게 애를 쓰다.

• 한창때라서 남아도는 힘을 주체하지 못하고 벌떡이는 아들이 걱정이다.

—『…을』 액체를 거침없이 빠르게 들이켜다.

• 물을 벌떡이며 단숨에 마시다.

▶ 반복형

벌떡벌떡

▶ 반복형 예문

아이들이 한꺼번에 벌떡벌떡 일어나기 시작했다.

벌렁

_사전적 정의

- '벌러덩'의 준말.
- 아주 가볍고도 재빠르고 크게 행동하는 모양.

▶ 예문

- 벌렁 드러눕다.
- 벌렁 나가떨어지다.
- 뒤로 벌렁 나자빠지다.

벌렁벌렁

_ 사전적 정의

• 몸의 일부가 아주 가볍고도 재빠르고 크게 움직이는 모양.

▶ 예문

• 순간적인 일이긴 했어도 현호는 마구 몸이 떨렸다. 자기도 모르게 얼굴이 달아오르고 가슴이 벌렁벌렁 뛰는 걸 의식했다.≪최일남, 거룩한 응달≫

벌벌

_사전적 정의

- 추위, 두려움, 흥분 따위로 몸이나 몸의 일부분을 크게 자꾸 떠는 모양.
- 재물 따위를 몹시 아끼거나 매우 중요하게 생각하는 모양.
- 몸을 바닥 가까이 대고 조금 큰 동작으로 기는 모양.
- 몹시 바쁘게 여기저기 돌아다니는 모양.

▶ 예문

- 추위에 벌벌 떨다.
- 귀신 이야기에 아이들은 모두 벌벌 떨고 있었다.
- 아버지 손에 회초리가 들린 것을 보자 동생은 벌벌 떨며 잘못을 빌었다.

• 영감은 이 넓은 천지에 몸 둘 데가 없다는 듯이 벌벌 떤다.≪염상섭, 취우≫
• 노랑이 황 영감은 돈 몇 푼에 벌벌 떤다.
• 밀양에서 올라와 지내는 동안 옷은커녕 내의를 사도 벌벌 떨며 샀는데....≪황석영, 어둠의 자식들≫
• 벌벌 기다
• 윤가 마누라는 농 쪽으로 벌벌 기어가며 숨이 잦아들고 있었다.≪조정래, 태백산맥≫

▶ 파생어

벌벌거리다.

[동사] 『...을』 추위, 두려움, 흥분 따위로 몸이나 몸의 일부분을 크게 자꾸 떨다.
• 겁이 많은 그는 다리를 벌벌거리며 구름다리를 건넜다.

벌컥

_사전적 정의

- 급작스럽게 화를 내거나 기운을 쓰는 모양. '벌꺽'보다 거센 느낌을 준다.
- {'뒤집다', '뒤집히다' 따위와 함께 쓰여}급작스럽게 온통 소란해지거나 야단스러워지는 모양. '벌꺽'보다 거센 느낌을 준다.
- 닫혀 있던 것을 갑자기 세게 여는 모양. '벌꺽'보다 거센 느낌을 준다.

▶ 예문

- 화를 벌컥 내다.
- 일어서는 최 소령의 몸을 허 상사가 사정없이 차 위로 벌컥 떠밀어 버린다.≪홍성원, 육이오≫

- 세상이 벌컥 뒤집히다.
- 속이 벌컥 뒤집히다.
- 누군가 소리 높이 외쳤다. 그 바람에 마을이 벌컥 뒤집히고 수런수런했다.≪오유권, 대지의 학대≫
- 문을 벌컥 열다.
- 사람들이 아직 웅성거리고 있을 때, 누군가가 벌컥 방문을 열어젖혔다.≪송기원, 월문리에서≫

부글부글

_ 사전적 정의

- 많은 양의 액체가 야단스럽게 잇따라 끓는 소리. 또는 그 모양.
- 잇따라 큰 거품이 일어나는 소리. 또는 그 모양.
- 착잡하거나 언짢은 생각이 뒤섞여 자꾸 마음이 들볶이는 모양.

▶ 예문

- 물이 부글부글 끓다.
- 불 위에 올려진 솥에서는 팥죽이 부글부글 끓고 있다.
- 밀물에 잠기고 있는 갯벌 밭에는 부글부글 거품이 일어나고 있었다.≪한승원, 해일≫
- 부글부글 울화가 끓어오르다.

부들부들

_사전적 정의

- 자꾸 몸을 크게 부르르 떠는 모양.
- 살갗에 닿는 느낌이 매우 부드러운 모양.

▶ 예문

- 손끝이 부들부들 떨린다.
- 몸이 부들부들 떨리도록 춥다.
- 화가 나다 못해 가슴이 부들부들 떨린다.
- 비를 맞아서 온몸이 후줄근해 가지고 부들부들 떨고 있는 허연 물건은 틀림없는 계

월향이다.≪박종화, 임진왜란≫

• 공포와 추위에 잔뜩 짓눌려서 그들은 끊임없이 몸을 부들부들 떨고 있는 것이다. ≪홍성원, 육이오≫

• 비단 이불이 부들부들 아주 촉감이 좋다

▶ **파생어**

부들부들하다.

[형용사]

• 부들부들한 비단.

• 살결이 부들부들하다.

부르르

_ 사전적 정의

- 크고 거볍게 떠는 모양.
- 얇은 종이나 털 따위에 불이 붙어 거볍게 타오르는 모양.
- 많은 양의 액체가 거볍게 끓을 때 나는 소리. 또는 그 모양.
- 갑자기 거볍게 성을 내는 모양.

▶ 예문

- 몸이 부르르 떨린다.
- 그 생각만 하면 부르르 치가 떨린다.
- 추운지 부르르 입술을 떨고 있다.

- 그는 입술을 깨물며 두 주먹을 부르르 떨었다.
- 담뱃불을 던지자 가랑잎이 부르르 타올랐다.
- 부르르 밥이 끓었다.
- 주전자에서 부르르 물이 끓어 넘쳤다.
- 그는 내 말을 듣고는 부르르 화를 내며 자리를 박차고 나갔다.

▶ 파생어

부르르하다.

[동사]

- 몸이 자꾸 부르르하는 걸 보니 감기에 걸리려나 보다.
- 종이는 부르르하고 금방 타 없어졌다.
- 불을 끄자 부르르하고 끓던 물소리가 잠잠해졌다.

부스스

_ 사전적 정의

- 머리카락이나 털 따위가 몹시 어지럽게 일어나거나 흐트러져 있는 모양.
- 누웠거나 앉았다가 느리게 슬그머니 일어나는 모양.
- 부스러기 따위가 어지럽게 흩어지는 소리. 또는 그 모양.
- 미닫이나 장지문 따위를 느리게 슬그머니 여닫는 소리. 또는 그 모양.
- 물건의 사개가 힘없이 물러나는 모양.

▶ 예문

- 자다 말고 일어난 아이가 부스스 흩어진 머리를 하고 잠옷을 입은 채로 나왔다.

- 강아지는 털을 부스스 일으키더니 몸을 크게 떨었다.
- 잠자리에서 부스스 일어나다.
- 잠들었던 아이가 부스스 눈을 떴다.
- 서태석의 채근을 받고서야 마치 잠에서 깨난 사람들처럼 부스스 일어섰다.≪송기숙, 암태도≫
- 흙더미가 부스스 무너져 내렸다.
- 아이들 호주머니를 뒤집었더니, 모래가 부스스 떨어졌다.
- 방문이 부스스 열리다.
- 어둠 속에서 부스스 문을 여는 소리가 나더니 한 사람이 들어왔다.

▶ 파생어

부스스하다.

[형용사]

- 머리가 부스스하다.
- 우리의 이사 소동에 동네는 비로소 잠을 깨어 사람들은 들창을 열거나 길가에 면한 출입문으로 부스스한 머리를 내밀었다.≪오정희, 중국인 거리≫

부슬부슬

_ 사전적 정의

• 눈이나 비가 성기게 조용히 내리는 모양.

▶ 예문

• 봄비가 부슬부슬 내리다.

• 눈이 부슬부슬 오다.

▶ 파생어

부슬부슬하다.

부쩍

_사전적 정의

- 외곬으로 빡빡하게 우기는 모양.
- 어떤 사물이나 현상의 상태, 빈도, 양 따위가 매우 거침새 없이 갑자기 늘거나 주는 모양.
- 매우 가까이 달라붙는 모양.
- 몹시 힘을 주거나 긴장하는 모양.

▶ 예문

- 아내가 부쩍 우겨 그도 그 일에 찬성을 하게 되었다.

- 손님이 부쩍 늘다.
- 사무실이 부쩍 붐비다.
- 물가가 부쩍 오르다.
- 조바심이 부쩍 나다.
- 영화 산업에 부쩍 관심이 쏠리다.
- 못 본 사이에 아이는 부쩍 자라 있었다.
- 할머니는 요즘 들어 부쩍 돌아가신 아버지 말씀을 많이 하신다.
- 언제부턴가 남편의 외박이 부쩍 잦아지기 시작했다.≪윤흥길, 완장≫
- 약속한 날짜가 부쩍 다가왔다.
- 부쩍 긴장하다.

▶ 반복형

부쩍부쩍

불끈

_ 사전적 정의

- 물체 따위가 두드러지게 치밀거나 솟아오르거나 떠오르는 모양.
- 흥분하여 성을 월컥 내는 모양.
- 주먹에 힘을 주어 꽉 쥐는 모양.

▶ 예문

- 근육이 불끈 솟다.
- 하늘이 서서히 파랗게 벗겨지며 시뻘건 엿 덩이 같은 아침 해가 바닷물에서 불끈 솟아올라 녹물처럼 벌건 빛깔을 뿌렸다.≪안정효, 하얀 전쟁≫
- 관자놀이에서 뻗은 굵은 핏줄이 불끈 솟고, 그것이 가끔 지렁이처럼 꿈틀거렸다.

≪한무숙, 만남≫

- 화가 불끈 솟다.
- 화를 불끈 내다.
- 뜻 아니한 그 공격에 앞뒤 없이 불끈 화가 났다.≪이문열, 변경≫
- 주먹을 불끈 쥐다.

▶ **파생어**

불끈거리다.

[동사]

- 힘을 많이 주어 힘줄이 불끈거리는 것이 보였다.
- 하찮은 일에 불끈거리다.
- 날씨가 무덥다고 손님들에게 불끈거리지 말고 좀 친절하게 대하여라.

불끈대다.

[동사]

- 육체미 선수가 포즈를 취할 때마다 근육이 불끈댄다.
- 빨리 집에 가야 한다는 생각이 불끈댔다.
- 하찮은 일에 불끈대다.
- 주먹을 불끈대다.

불끈하다.

[동사]

- 관자놀이의 힘줄이 불끈하다.
- 멀리서 불끈하게 솟아오르는 붉은 태양이 시야에 들어왔다.
- 사소한 일에 불끈하다.

- 그 노인은 아들의 버릇없는 태도에 불끈해서 지팡이를 바닥에 던져 버렸다.
- 너무 화가 난 나머지 주먹을 불끈하게 쥐고 상대편의 얼굴을 때렸다.

▶ 반복형

불끈불끈

▶ 반복형 예문

사람들의 응원 소리에 불끈불끈 힘이 솟았다.

불쑥

사전적 정의

- 갑자기 불룩하게 쑥 나오거나 내미는 모양.
- 갑자기 쑥 나타나거나 생기거나 하는 모양.
- 갑자기 마음이 생기거나 생각이 떠오르는 모양.
- 앞뒤 생각 없이 대뜸 말을 함부로 하는 모양.

▶ 예문

- 손을 불쑥 내밀다.
- 어설픈 상투가 역시 그림자같이 빛을 잃은 채 불쑥 솟아 있다.≪한무숙, 만남≫
- 벙커로 들어가 적병들을 늘어세운 후 한 소위는 의아한 표정으로 적병의 신을 불쑥 가리킨다.≪홍성원, 육이오≫
- 충분히 원기를 회복한 내가 막 그 묘역을 벗어나려고 할 때 건너편 잡목 숲 사이에서 누군가가 불쑥 나타났다.≪이문열, 황제를 위하여≫
- 그에게 맞고 나서 이틀 정도 집에 누워 있는 것 같더니 늘 밖으로만 나돌았다. 그러다가 불쑥 가게에 들르게 되면 얼굴을 보는 것이 고작이었다.≪이상문, 황색인≫
- 나는 불쑥 아내가 병원을 갔다 오지 않았을까 하는 생각이 들었다.≪안정효, 하얀 전쟁≫
- 윤은 뜨거운 덩어리가 불쑥 가슴에 치솟는 것을 느끼자 자기도 모르게 휙 몸을 돌려 뛰어나갔다.≪선우휘, 깃발 없는 기수≫
- 사내는 김범우의 눈길을 견뎌 내기가 곤혹스러웠던지 불쑥 말했다.≪조정래, 태백산맥≫
- 술집에서 한 대포 마시면서 광부들끼리 주고받은 얘기를 다음 날 아직 술이 덜 깬 상태에서 불쑥 갱장에게 건의한 것이고....≪홍성암, 큰물로 가는 큰 고기≫

▶ 파생어

<u>불쑥거리다.</u> [--꺼--]

[동사]

- 그는 아무 말이 없다가도 문득 생각이 나면 아무 말이나 불쑥거리곤 하여 우리를 난처하게 했다.

<u>불쑥대다.</u> [--때-]

[동사]

불쑥하다. [-쑤카-]

[Ⅰ][동사]

• 아침의 태양은 그 빛에 있어선 달빛만큼이나 힘은 없어도 수평선을 딛고 솟아오를 때는 불쑥하고 얼굴을 내민다.≪천금성, 허무의 바다≫

— 『…을』

• 단도직입적으로 남희가 이런 말을 불쑥하는 바람에 윤태는 대꾸할 말을 찾지 못했다.≪유주현, 하오의 연가≫

[Ⅱ][형용사]

• 구슬이 든 녀석의 주머니가 불쑥했다.
• 미 해군 제독은 세계 지도 한 장을 펼쳐 놓고 불쑥한 곳을 손으로 가리켰다.≪홍성원, 육이오≫

▶ 반복형

불쑥불쑥

▶ 반복형 예문

아무리 생각해도 억울한 마음이 불쑥불쑥 올라오는 것을 참을 수 없다.

붕

_사전적 정의

- 문풍지 따위가 뚫어질 때 나는 다소 둔탁한 소리. 또는 그 모양.
- 비행기나 벌 같은 큰 곤충 따위가 날 때 나는 소리.
- 막혀 있던 공기나 가스가 약간 큰 구멍으로 터져 빠질 때 나는 소리.
- 자동차, 배 따위에서 경적이 한 번 울리는 소리.
- 공중에 들리는 모양. 또는 그 느낌.
- 무엇이 허망하게 없어져 버린 모양.

▶ 예문

- 비행기는 하늘로 붕 떠올랐다.
- 차는 붕 연기를 내뿜고 앞으로 달려 나갔다.
- 차에 치이는 순간 몸이 붕 떠올랐다.
- 노름으로 순식간에 많은 돈이 붕 떠 버렸다.

▶ 반복형

붕붕

▶ 반복형 예문

꿀벌이 붕붕 소리를 내며 내 머리 위를 날아다녔다.

비죽비죽

_ 사전적 정의

- 비웃거나 언짢거나 울려고 할 때 소리 없이 입을 내밀고 실룩거리는 모양.
- 여럿이 다 끝이 조금 길게 내밀려 있는 모양.

▶ 예문

- 익삼 씨가 비죽비죽 웃으면서 하는 말이었다.≪윤흥길, 완장≫
- 순자는 쥐어짜도 물기 하나 안 남았을 텐데 어이없게도 비죽비죽 울었다.≪황석영, 어둠의 자식들≫
- 봄이 되자 흙덩이 사이로 새싹이 비죽비죽 돋아났다.

▶ **파생어**

비죽비죽하다. [--삐주카-]

[동사]『…을』

• 꾸중을 듣고 있던 동생이 입을 비죽비죽하다가 마침내 울음을 터뜨리고 말았다.

비죽비죽하다. [--삐주카-]

[형용사]

• 비죽비죽한 산봉우리들이 마치 톱니 모양과 같다.

빙

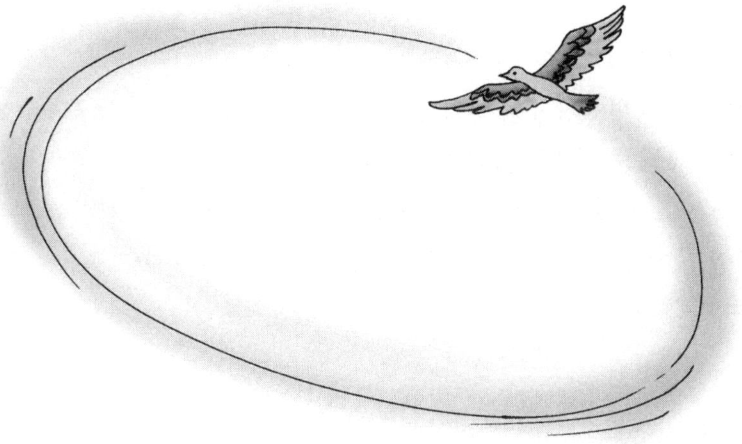

_사전적 정의

- 약간 넓은 일정한 범위를 한 바퀴 도는 모양.
- 갑자기 정신이 어찔하여지는 모양.
- 일정한 둘레를 넓게 둘러싸는 모양.
- 갑자기 눈물이 글썽하여지는 모양.

▶ 예문

- 한 바퀴 빙 돌다.
- 방 안을 한 번 빙 둘러보다.
- 그들이 탄 차는 주차장을 빙 돌아 나왔다.
- 이 길은 남산을 빙 돌아 남대문 쪽으로 빠지는 길이다.

- 솔개 한 마리가 동생의 머리 위를 빙 돈다.
- 언니는 새 옷을 입고 빙 돌아 보이며 동생에게 어떠냐고 물었다.
- 머리가 빙 돌다.
- 갑자기 눈앞이 빙 도는 것같이 현기증을 느낀다.
- 규는 천장이 빙 도는 느낌으로 한동안 눈을 딱 감고 숨을 죽여야만 했다.≪이병주, 지리산≫
- 빙 둘러서다.
- 마을에 굿판이 벌어지자 마을 사람들이 모두 나와 빙 둘러싸고 구경을 했다.
- 이 도시는 산으로 빙 둘러싸인 분지에 있다.
- 혹시 그 자가 읍내에 숨어 있을지도 모르니 읍내도 빙 둘러 매복을 시킵시다.≪송기숙, 녹두 장군≫
- 눈물이 빙 돌다.

▶ 반복형

빙빙

▶ 반복형 예문

활짝 핀 코스모스 위로 고추잠자리가 빙빙 맴돈다.

어지러워서 눈 앞이 빙빙 돈다.

빙그레

_사전적 정의

- 입을 약간 벌리고 소리 없이 부드럽게 웃는 모양.

▶ 예문

- 빙그레 웃다.
- 남편은 빙그레 미소를 지으며 아내의 얼굴을 쳐다보고 있었다.
- 이방이 말하는 소식을 듣고 꺽정이는 빙그레 웃고 눙퉁이는 입을 막고 웃으나 막봉이는 너털웃음을 웃어서….≪홍명희, 임꺽정≫

▶ **파생어**

빙그레하다.

[동사]

- 실상 아까 깨었을 때에 제일 심사가 나는 것은 꿈자리가 사나운 것보다도 H가 조소하듯이 빙그레하며 웃고 서 있는 것이었다.≪염상섭, 표본실의 청개구리≫

빙긋

_사전적 정의

• 입을 슬쩍 벌릴 듯하면서 소리 없이 거볍게 한 번 웃는 모양.

▶ 예문

• 빙긋 웃다.
• 빙긋 미소를 띠다.
• 아가씨는 아직 농담인 줄 아는 모양인지 한 번 빙긋 웃고 만다.≪이청준, 조율사≫
• 영희를 안심시키려는 듯 박 원장이 빙긋 웃음까지 지어 보이며 말했다.≪이문열, 변경≫

▶ **파생어**

빙긋거리다. 〔-귿꺼--〕

[동사] 입을 슬쩍 벌릴 듯하면서 소리 없이 거볍게 자꾸 웃다.

- 동생이 빙긋거리고 웃는 모습이 뭔가 속에 감추고 있는 것 같아 보였다.

빙긋대다. 〔-귿때-〕

[동사]

- 기운이 쭉 빠져 버린 종상이에 비해 후성이는 아직도 싸울 기운이 많이 남았다는 듯이 여유 있게 빙긋대고 있었다.≪박완서, 미망≫

빙긋하다. 〔-그타-〕

[동사]

- 빙긋하고 웃다.
- 귀를 기울여 듣던 영초는 그제야 빙긋하고 웃음이 떠돌았다.≪박종화, 전야≫

▶ **반복형**

빙긋빙긋

▶ **반복형 예문**

크리스마스 선물을 받아든 아이들은 서로 마주보며 빙긋빙긋 웃는다.

빽빽

_사전적 정의

- 새, 사람 또는 기적 따위가 갑자기 자꾸 날카롭게 지르거나 내는 소리.

▶ 예문

- 아기가 빽빽 울어 대다.
- 소리를 빽빽 지르다.
- 기적 소리가 빽빽 울리다.
- 장사꾼이 메가폰을 입에 대고 뭐라고 빽빽 소리를 질러 댄다.

▶ 파생어

빽빽거리다. [--꺼--]

[동사]『(…을)』 새, 사람 또는 기적 따위가 갑자기 날카롭게 지르거나 내는 소리가 자꾸 나다.

- 빽빽거리며 고함을 치다.
- 빽빽거리며 울다.
- 아이가 한밤중에도 빽빽거리며 보채니 도무지 잠을 이룰 수가 없다.

빽빽대다. 〔--때-〕

[동사]

- 아이가 밤새 빽빽대는 바람에 잠을 설쳤다.
- 노래도 못 부르는 여자가 빽빽대기만 한다.

▶ 반복형

빽빽

▶ 반복형 예문

아기는 먹지도 않고 빽빽 울기만 한다.

뻐꾹

_사전적 정의

• 뻐꾸기가 우는 소리.

▶ 예문

• 뻐꾸기가 뻐꾹 울다.

▶ 반복형

뻐꾹뻐꾹

▶ 반복형 예문

• 뻐꾸기는 뻐꾹뻐꾹 여름이 왔음을 알렸다.

뻥

_사전적 정의

- 풍선이나 폭탄 따위가 갑자기 요란스럽게 터지는 소리.
- 큰 구멍이 뚫리는 소리. 또는 그 모양.
- 공 따위를 아주 세게 차는 소리. 또는 그 모양.

▶ 예문

- 자전거 타이어가 뻥 터졌다.
- 굴이 뻥 뚫려 있다.
- 그 소년은 구멍이 뻥 난 바지를 입고 있었다.
- 엉덩이를 뻥 차다.
- 몹시 화가 난 그 선수는 농구공을 뻥 차 버렸다.

▶ **반복형**

빵빵

▶ **반복형 예문**

여기저기서 아이들은 풍선을 빵빵 터뜨리고 놀았다.

왜 잘 알지도 못하면서 큰 소리만 빵빵 치냐구?

뾰족뾰족

_사전적 정의

- 여럿이 다 끝이 점차 가늘어져서 날카로운 모양.

▶ 예문

- 봄이 되자 새싹들이 언 땅을 뚫고 뾰족뾰족 나오기 시작했다.
- 단장 끝에는 과연 파릇파릇한 속잎이 흙을 헤치고 뾰족뾰족 머리를 내밀었다.≪이양하, 이양하 수필선≫

▶ 파생어

뾰족뾰족하다. [---조카-]

[형용사]

- 뾰족뾰족하게 솟아나 있는 산봉우리들.
- 식탁 위에 얹어 놓은 남희의 그 뾰족뾰족한 손끝 모양은 정녕 곱게 자라나는 명류의 영양(令孃)이 아닌가.≪유주현, 하오의 연가≫

뿔뿔이

_사전적 정의

- 제각기 따로따로 흩어지는 모양.

▶ 예문

- 뿔뿔이 헤어진 가족.
- 사방으로 뿔뿔이 흩어져 달아나다.
- 같이 있던 자들이 모두 뿔뿔이 노비로 팔려 가고 마지막으로 두 사람이 남았었다.≪유현종, 들불≫
- 술병들과 빵 꾸러미를 지킬 녀석 한 놈만 남겨 두고 우리는 뿔뿔이 헤어져서 논을 포위하였다.≪김승옥, 다산성≫

살살

_사전적 정의

- 남이 모르게 살그머니 행동하는 모양.
- 눈이나 설탕 따위가 모르는 사이에 사르르 녹아 버리는 모양.
- 심하지 않게 가만가만 가볍게 만지거나 문지르는 모양.
- 남을 살그머니 달래거나 꾀는 모양.
- 바람이 보드랍게 살랑살랑 부는 모양.
- 가볍게 눈웃음을 치는 모양.
- 얽힌 실 따위가 순조롭게 잘 풀리는 모양.

▶ **예문**

- 빚쟁이를 살살 피해 다니다.
- 사탕이 입 안에서 살살 녹는다.
- 서리 맞은 열매가 혀끝에서 살살 녹는 맛은 맛보지않은 사람은 모른다.
- 살살 어루만지다.
- 살살 건드리다.
- 살살 문지르다.
- 어린애는 엄마의 다리를 살살 긁었다.
- 살살 꾀어내다.
- 살살 구슬리다.
- 살살 달래다.
- 봄이 되니 봄바람이 살살 불어온다.
- 가을바람이 살살 불더니 어느새 나뭇잎이 다 떨어졌다.
- 눈웃음을 살살 치다.
- 실 꾸러미가 살살 잘 풀린다.

▶ **파생어**

살살거리다.

[동사] 『…에게』 상대편을 계속하여 꾀거나 상대편에게 눈웃음을 치며 알랑거리다.

- 그녀는 배역을 따 내기 위하여 감독에게 살살거린다.

살살대다.

[동사] 『…에게』

- 부장님에게 살살대는 것 좀 봐.

생글

_ 사전적 정의

• 눈과 입을 살며시 움직이며 소리 없이 정답게 웃는 모양.

▶ 예문

• 생글 웃으며 낯 붉히는 아가씨.

▶ 파생어

생글거리다.

[동사] 눈과 입을 살며시 움직이며 소리 없이 정답게 자꾸 웃다.

- 색시는 윤 의사 노래를 기다리는 눈치나 굳이 재촉하는 기색도 아닌 생글거리는 낯빛이다.≪황순원, 신들의 주사위≫

생글대다.

[동사]

- 무슨 좋은 일이 있는지 계속 생글댄다.
- 나는 언니의 생글대는 곱살한 얼굴에 침을 퉤퉤 뱉어 주든지 북북 손톱자국을 내 주든지 하고 싶은 걸 가까스로 참았다.≪박완서, 도시의 흉년≫

생글하다.

[동사]

- 이웃집에 이사 온 소녀가 나를 보자 생글하며 수줍은 듯 지나쳤다.

▶ 반복형

생글생글

▶ 반복형 예문

아이는 생글생글 웃으며 선생님 손을 잡았다.

성큼

_사전적 정의

- 다리를 높이 들어 크게 떼어 놓는 모양.
- 동작이 망설임 없이 매우 시원스럽고 빠른 모양.
- 어떤 때가 갑자기 가까워진 모양.

▶ 예문

- 한 걸음 성큼 나서다.
- 마루로 성큼 올라서다.
- 문 지주 집 앞에 이르자 실없이 썰렁한 기분이었으나 대문을 성큼 들어서서 행랑채 머슴 방으로 다가갔다.≪송기숙, 암태도≫

- 그녀는 탁자 위에 있는 핸드백을 성큼 집어 들고 밖으로 나갔다.
- 그도 우리와 같이 손을 물에 성큼 넣고 불쩍불쩍 소리를 내더니 양치를 한 번 하고....≪염상섭, 표본실의 청개구리≫
- 봄은 이미 성큼 다가와 산골짝에 싱그러운 봄 향기를 전해 주고 있다.≪홍성원, 육이오≫

▶ 반복형

성큼성큼

▶ 반복형 예문

키가 큰 남자가 나에게로 성큼성큼 다가왔다.

솔솔

_사전적 정의

- 물이나 가루 따위가 틈이나 구멍으로 조금씩 가볍게 새어 나오는 모양.
- 바람이 보드랍게 부는 모양.
- 가는 비나 눈이 잇따라 가볍게 내리는 모양.
- 말이나 글이 막힘없이 잘 나오거나 써지는 모양.
- 얽힌 실이나 끈 따위가 쉽게 잘 풀려 나오는 모양.
- 얽히거나 쌓이었던 일들이 쉽게 잘 풀리는 모양.
- 냄새나 가는 연기 따위가 가볍게 풍기거나 피어오르는 모양.
- 재미가 은근히 나는 모양.

▶ **예문**

- 자루에 구멍이 나서 밀가루가 바닥에 솔솔 뿌려졌다.
- 갱장에게 산소 파이프를 맡기고 밑으로 내려와 보니 탄이 솔솔 새어 나가는 모양이 보였다.≪홍성암, 큰물로 가는 큰 고기≫
- 봄바람이 솔솔 분다.
- 늦은 가을이라 찬 바람이 소매 끝으로 솔솔 기어듭니다.≪김유정, 아기≫
- 구슬비가 솔솔 내리다.
- 말은 청산유수로 솔솔 잘하는구나.
- 뭉친 실타래를 만져 놓으니 실이 솔솔 잘 뽑힌다.
- 경기가 좋아져 사업이 솔솔 잘 풀린다.
- 부엌에서 참기름 냄새가 솔솔 난다.
- 시골집의 굴뚝에서 저녁연기가 솔솔 피어오른다.
- 신혼 재미가 솔솔 나다.

송골송골

_사전적 정의

- 땀이나 소름, 물방울 따위가 살갗이나 표면에 잘게 많이 돋아나 있는 모양.

▶ 예문

- 뜨거운 음식을 먹으니 코에 땀이 송골송골 돋는다.
- 목욕탕의 천장에 물방울이 송골송골 맺혔다.

▶ 파생어

송골송골하다.

[형용사]『…에』

- 아이는 뛰어왔는지 이마에 땀이 송골송골하다.

송송

_사전적 정의

- 연한 물건을 조금 잘게 빨리 써는 모양.
- 작은 구멍이나 자국이 많이 나 있는 모양.
- 살갗에 아주 작은 땀방울이나 소름 또는 털 따위가 많이 돋아난 모양.
- 바느질을 매우 촘촘하게 하는 모양.

▶ 예문

- 파를 송송 썰다.
- 밀가루에다 파하고 돼지가죽이라도 송송 썰어 넣고 부치면 쫄깃쫄깃 먹을 만하지 않겠소.≪박완서, 미망≫
- 옷에 좀이 슬어 구멍이 송송 났다.

• 땀이 송송 솟은 이마 .
• 코밑에 잔털이 송송 돋아나 있다.
• 콧잔등에 땀방울까지 송송 맺혔다.≪윤후명, 별보다 멀리≫
• 송송 호다.

▶ **파생어**

송송하다.

[형용사]『…에』

• 낡은 장판지에는 구멍들이 송송하였다.
• 구멍이 송송한 잿빛 기둥, 머지않아 붕괴할 것 같았다.≪박경리, 토지≫
• 이마에는 땀방울이 송송하게 매달려 있다.
• 별빛이 맑고 또렷하다.
• 밤하늘에는 별들이 송송하였다.

수군

_사전적 정의

• 남이 알아듣지 못하도록 낮은 목소리로 자꾸 가만가만 이야기하는 모양.

▶ 예문

• 애들은 별 재미도 없는 얘기를 수군거리며 낄낄대고 있다.

• 갱부들은 아무래도 금맥이 끊긴 거라고 수군거리곤 했었다.≪최인호, 지구인≫

▶ 반복형

수군수군

▶ **반복형 예문**

모든 마을 사람들이 수군수군 말이 많았다.

쉬쉬

_사전적 정의

- 드러내지 아니하고 뒤에서 자꾸 은밀하게 말하는 모양.

▶ 예문

- 뒷공론으로만 그의 행동은 쉬쉬거릴 뿐 감히 내세워 뭐라 하지 못했다.
- 소문이 쉬쉬 떠도는 며칠 동안 나는 심한 공포에 휩싸였다.≪전상국, 우상의 눈물≫
- 경이란 것이 무슨 말인지 똑같은 소리를 뇌어 가며 쉬쉬 휘파람 같은 소리를 내다가는 병자를 대지르고 일으켜 세우려는 것이었다.≪염상섭, 부부≫

스르르

_사전적 정의

- 얽히거나 뭉쳤던 것이 저절로 슬슬 풀리는 모양.
- 눈이나 얼음 따위가 저절로 슬슬 녹는 모양.
- 졸음이 슬며시 오는 모양.
- 눈을 슬며시 감거나 뜨는 모양.
- 미끄러지듯 슬며시 움직이는 모양.

▶ 예문

- 그 말 한마디에 응어리가 스르르 사라졌다.
- 마당에 세워 둔 눈사람이 아침에 보니 스르르 녹아 있었다.
- 스르르 잠이 오다.

- 눈이 스르르 감겼다.
- 무대의 커튼이 스르르 위로 말려 올라간다.
- 문이 스르르 열렸다.

슬금슬금

_사전적 정의

- 남이 알아차리지 못하도록 눈치를 살펴 가면서 슬며시 행동하는 모양.

▶ 예문

- 슬금슬금 곁눈질하다.
- 슬금슬금 눈치만 보지 말고 어서 나와라.
- 창을 버리고 뿔뿔이 흩어져 도망가던 병사들이 다시 눈치를 보며 슬금슬금 모여들고 있었다.≪전상국, 하늘 아래 그 자리≫

슬슬

_사전적 정의

- 남이 모르게 슬그머니 행동하는 모양.
- 눈이나 설탕 따위가 모르는 사이에 스르르 녹아 버리는 모양.
- 심하지 않게 가만가만 거볍게 만지거나 문지르는 모양.
- 남을 슬그머니 달래거나 꾀는 모양.
- 바람이 부드럽게 부는 모양.
- 거볍게 눈웃음을 치는 모양.
- 서두르지 않고 천천히 행동하는 모양.
- 힘들이지 않고 쉽게 하는 모양.

▶ **예문**

- 슬슬 피하다.
- 슬슬 눈치를 보다.
- 초콜릿이 입 안에서 슬슬 녹는다.
- 산비둘기가 울 때마다 순이의 가슴은 화로 위에 눈덩이처럼 슬슬 녹아내렸다.≪정비석, 성황당≫
- 바닥을 슬슬 문지르다.
- 가려운 곳을 슬슬 긁다.
- 천장을 올려다보며 목의 복사뼈를 슬슬 만진다.≪박경리, 토지≫
- 슬슬 달래다.
- 슬슬 꾀다.
- 슬슬 구슬리다.
- 어디선가 시원한 바람이 슬슬 불어온다.
- 눈웃음을 슬슬 치다.
- 이제 슬슬 출발하자.
- 쉬엄쉬엄 슬슬 해라.
- 새끼를 슬슬 꼬다.

싱글벙글

_사전적 정의

- 눈과 입을 슬며시 움직이며 소리 없이 정답고 환하게 웃는 모양.

▶ 예문

- 새색시가 부끄럼도 타지 않고 싱글벙글 웃는다.
- 아들이 시험에 합격하자 어머니는 싱글벙글 좋아하신다.
- 덕봉이는 무엇에 신이 나는지 주전자를 들고 돌아다니며 싱글벙글 입을 노상 벌려 놓고 있다.

▶ **파생어**

싱글벙글거리다.

[동사] 눈과 입을 슬며시 움직이며 소리 없이 정답고 환하게 자꾸 웃다.

- 복권이라도 당첨이 되었는지 그는 싱글벙글거리며 입을 못 다문다.

싱글벙글대다.

[동사]

- 칭찬을 들은 아이가 싱글벙글댄다.

싱글벙글하다.

[동사]

- 신랑은 신부를 보고 좋아서 싱글벙글했다.
- 싹불을 바라보는 팽개의 얼굴에는 입때까지 싱글벙글하던 웃음살이 걷히었다. ≪현진건, 무영탑≫
- 어느새 그렇게 정분이 들어서 말만 들어도 싱글벙글하는 거냐?≪박종화, 임진왜란≫

싹

_사전적 정의

- 종이나 헝겊 따위를 칼이나 가위로 단번에 베는 소리. 또는 그 모양. '삭'보다 센 느낌을 준다.
- 거침없이 자꾸 밀거나 쓸거나 비비거나 하는 소리. 또는 그 모양. '삭'보다 센 느낌을 준다.
- 조금도 남기지 않고 전부. '삭'보다 센 느낌을 준다.

▶ 예문

- 그는 종이 위에 자를 대고 칼로 싹 베었다.
- 주머니 아래쪽에 무슨 예리한 면도날 같은 걸로 싹, 베어 낸 자국이 있더군.≪조해

일, 멘드롱 따또≫

- 불도저로 싹 밀어 버리다.
- 어머니는 다 먹은 밥상을 옆으로 싹 밀어 놓고 과자를 내놓았다.
- 입을 싹 씻다.
- 빗자루로 마당을 싹 쓸다.
- 얼굴에서 핏기가 싹 가시다.
- 장맛비가 밭작물을 흔적도 없이 싹 쓸어 가 버렸다.
- 그는 마음잡고 공부한다고 머리카락을 싹 밀어 버렸다.
- 사람들은 이 사건 이후로 이들을 대하는 태도가 싹 달라졌다.
- 방문을 열고 얼굴만 내보인 옥이네는 서희와 눈이 마주치는 순간 안색이 싹 변한다. ≪박경리, 토지≫

▶ 반복형

싹싹

▶ 반복형 예문

꼬마는 밥을 하나도 남기지 않고 밥그릇을 싹싹 긁어 먹었다.

쌀쌀하다

_ 사전적 정의

- 날씨나 바람 따위가 음산하고 상당히 차갑다.
- 사람의 성질이나 태도가 정다운 맛이 없고 차갑다.

▶ 예문

- 낮에는 덥지만 아침저녁으로는 쌀쌀하다.
- 쌀쌀한 바람이 불다.
- 그녀가 어찌나 쌀쌀한지 말도 못 붙여 보았다.
- 그녀는 다른 사람들에게는 상냥했지만 유독 그에게만은 쌀쌀하게 대했다.

쏙

_사전적 정의

- 안으로 깊이 들어가거나 밖으로 볼록하게 내미는 모양.
- 쉽게 밀어 넣거나 뽑아내는 모양.
- 기운이나 살이 줄어든 모양.
- 때가 깨끗이 없어지는 모양.
- 기억이나 인상이 아주 선명하게 새겨지는 모양.
- 갑자기 정신이 확 나가는 모양.
- 어떤 것에 매우 탐닉하는 모양.
- 마음에 꼭 드는 모양.

▶ **예문**

- 보조개가 쏙 들어가다.
- 혀를 쏙 내밀다.
- 눈이 쏙 들어가 어디가 아파 보인다.
- 이불 속에서 머리만 자라 모가지처럼 쏙 내밀었다.≪최인훈, 회색인≫
- 김밥에서 햄만 쏙 빼 먹었다.
- 밭에서 무 하나를 쏙 뽑았다.
- 눈물이 쏙 빠지게 혼내 주어라.
- 콩꼬투리에서 파란 콩들이 쏙 빠져 나왔다.
- 얼굴 살이 쏙 빠졌다.
- 기운이 쏙 빠져 앉아 있기도 힘들다.
- 시험에 떨어졌다는 말을 듣는 순간 힘이 쏙 빠졌다.
- 친구들이 나만 쏙 빼고 자기들끼리 놀러 갔다.
- 반장은 시민증 발급 신청 서류를 집집마다 나누어 주면서 우리 집만 쏙 빼놓았다. ≪박완서, 그 많던 싱아는 누가 다 먹었을까≫
- 요리랑 시켜다 자기네끼리만 잡수시면서, 저만 쏙 빼놓으시면서….≪최정희, 인간사≫
- 때가 쏙 빠져 새 옷 같다.
- 선생님의 말씀이 귀에 쏙 들어왔다.
- 한눈에 쏙 들어온다.
- 친구는 시끄러운 음악 소리에 정신이 쏙 빠져나간 표정으로 서 있었다.
- 그는 요즘 영화에 쏙 빠져 있다.
- 그녀는 그에게 쏙 빠져서는 친구도 몰라본다.
- 그 옷은 내 마음에 쏙 든다.
- 어머니는 며느릿감이 마음에 쏙 드는 모양이다.
- 너는 아버지를 쏙 빼어 닮았구나.
- 밥 먹는 것까지 할아버지를 쏙 빼다 박았구나.

▶ 반복형

쏙쏙

▶ 반복형 예문

아이는 자기가 좋아하는 반찬만 쏙쏙 골라 먹는다.

쏴

_사전적 정의

- 나뭇가지나 물건의 틈 사이로 바람이 스쳐 부는 소리.
- 비바람이 치거나 물결이 밀려오는 소리.
- 물이 급히 내려가거나 나오는 소리.

▶ 예문

- 바닷가 소나무 숲에 바람이 쏴 분다.
- 소낙비가 갑자기 쏴 쏟아진다.
- 파도가 쏴 밀려와 하얗게 부서진다.
- 화장실에 누가 있는지 쏴 물 내려가는 소리가 들렸다.

쑥

_사전적 정의

- 안으로 깊이 들어가거나 밖으로 불룩하게 내미는 모양.
- 깊이 밀어 넣거나 길게 뽑아내는 모양.
- 대번에 빠지거나 터지는 모양.
- 기운이나 살이 줄어드는 모양.
- 어떤 일에 제외되거나 참여하지 않는 모양.
- 때가 깨끗이 없어지는 모양.
- 거리낌 없이 경솔하게 말하며 나서는 모양.
- 옷차림이나 몸매가 아주 미끈한 모양.
- 갑자기 정신이 확 나가는 모양.
- 갑자기 올라가거나 내려가는 모양.
- 앞으로 나아가거나 앞에 불쑥 나타나는 모양.

▶ **예문**

- 엉덩이를 쑥 빼다.
- 그는 항상 배를 쑥 내밀고 걷는다.
- 그 아이는 입이 쑥 나와서는 밥도 안 먹는다.
- 자라처럼 움츠렸던 목을 쑥 빼고 두리번거리는 꼴이 또 가관이었다.≪김정한, 수라도≫
- 김확실이는 단검을 쑥 뽑아 냈다.≪송기숙, 녹두 장군≫
- 눈물을 쑥 빼다.
- 도랑의 물이 쑥 빠졌다.
- 힘이 쑥 빠지다.
- 기운이 쑥 빠져 밥 먹기도 힘들다.
- 며칠 고생을 하더니 살이 쑥 빠졌구나.
- 아들이 죽었다는 소식에 맥이 쑥 빠져 버렸다.
- 옷을 삶아서 빨았더니 묵은 때가 쑥 빠졌다.
- 어른들 말씀하시는 데 쑥 나서서 참견을 한다.
- 그는 옷을 쑥 빼입고 맞선 장소로 나갔다.
- 정신이 쑥 빠지다.
- 성적이 쑥 올라 모두들 놀랐다.
- 십 년 묵은 체증이 쑥 내려갔다.
- 그가 갑자기 앞으로 쑥 나왔다.

▶ **반복형**

쑥쑥

▶ **반복형 예문**

골고루 많이 먹어야 키가 쑥쑥 자라지요.

봄볕이 완연해지자 쑥쑥 돋아난 푸른 잎들이 눈에 들어왔다.

잡초를 쑥쑥 뽑다.

웬일인지 요즘은 살이 쏙쏙 빠진다.

성적이 쑥쑥 오르다.

쓱

_ 사전적 정의

- 슬그머니 내밀거나 들어가는 모양.
- 슬쩍 사라지는 모양.
- 빨리 지나가는 모양.
- 슬쩍 문지르거나 비비는 모양.
- 넌지시 슬쩍 행동하는 모양.

▶ 예문

- 철수가 웃는 얼굴로 쓱 들어섰다.
- 빨갱이는 산이 쩡하고 울리도록 큰 기침를 한 번 하고 나서 칼을 쓱 뽑아 든다.≪현

진건, 무영탑≫

- 그는 어느새 쓱 없어져 버렸다.
- 그는 빠른 걸음으로 내 앞을 쓱 지나갔다.
- 콧물을 손등으로 쓱 닦다.
- 그는 갈증을 느끼는지 혀로 입술을 쓱 핥았다.
- 만재는 손을 바지에다 쓱 문지르며 아무렇지도 않다는 시늉을 했다.≪송기숙, 암태도≫
- 아무런 기척도 없이 문을 쓱 열었다.
- 금방 주인이 우리를 한 번 쓱 쳐다보더니 물건을 살피고는 잠깐만 기다리라는 것이었다.≪황석영, 어둠의 자식들≫
- 주소, 직업, 학력과 특수 기술이 있는가를 물어 가며 기입하고 체격을 쓱 보아서 A, B, C, D의 등급을 매겨 주는 것이었다.≪염상섭, 취우≫

▶ 반복형

쓱쓱

▶ 반복형 예문

비빔밥은 여러가지 나물과 밥을 고추장에 쓱쓱 비벼 먹는 것이다.

씩

_사전적 정의

• 소리 없이 싱겁게 얼핏 한 번 웃는 모양.

▶ 예문

• 그는 머리를 한 손으로 긁으며 씩 멋쩍게 웃었다.
• 나는 대답할 말이 없어 씩 웃고 말았다.

씩씩

_사전적 정의

• 숨을 매우 가쁘고 거칠게 쉬는 소리. '식식'보다 센 느낌을 준다.

▶ 예문

• 그는 화가 났는지 씩씩 숨을 몰아쉰다.
• 남편은 피곤한지 초저녁부터 씩씩 소리를 내며 잠을 자고 있었다.
• 대불이는 아직도 화가 풀리지 않는지 씩씩 코를 불어 댔다.≪문순태, 타오르는 강≫

▶ **파생어**

씩씩거리다. [--꺼--]

[동사] 『(…을)』 숨을 매우 가쁘고 거칠게 쉬는 소리가 잇따라 나다. 또는 그런 소리를 잇따라 내다. '식식거리다'보다 센 느낌을 준다.

- 화가 나고 답답했던 서희는 씩씩거리며 방금 흙을 닦아 준 꽃신으로 땅을 연거푸 걷어찬다.≪박경리, 토지≫
- 덤벼들려던 두 졸개는 이 광경을 보고 그만 기가 죽어서 이러지도 저러지도 못하고 그저 씩씩거리고만 있었습니다.≪장용학, 원형의 전설≫
- 그는 분을 이기지 못하고 숨소리를 거칠게 씩씩거린다.
- 그는 흥분이 아직 가시지 않은 듯 어깨가 들썩거릴 만큼 숨을 씩씩거렸다.

씩씩대다. [--때-]

[동사] 『(…을)』

- 그는 분이 안 풀렸는지 아직도 호흡이 불규칙하게 씩씩대고 있었다.
- 몸이 약한 그 아이는 조금만 빨리 걸어도 숨을 씩씩댔다.

씩씩하다. [-씨카-]

[동사] 『(…을)』

- 몹시 화가 난 아이는 덩치도 큰 아이한테 무조건 씩씩하며 대들었다.
- 그 소년은 한동안 숨을 씩씩하더니 이내 울음을 터뜨렸다.

야금야금

_ 사전적 정의

- 무엇을 입 안에 넣고 잇따라 조금씩 먹어 들어가는 모양.
- 잇따라 조금씩 축내거나 써 없애는 모양.
- 남모르게 조금씩 행동하는 모양.

▶ 예문

- 형은 꽁지만 먹겠다던 붕어빵을 야금야금 절반을 더 먹었다.
- 야금야금 퍼내다 보니 양식도 바닥이 났다.
- 부모가 남긴 유산을 자식들은 야금야금 까먹었다.
- 깊은 산골짜기에서 피어나기 시작한 황혼은 나무를 에워싸고 개울을 덮고, 산허리로 해서 야금야금 산마루로 뻗기 시작하였다.≪정비석, 성황당≫
- 아마도 한밤중에 모두 잠들고 나면 혼자 깨어나 야금야금 속의 것을 되새겨 보기나 할 테지.

어둑어둑

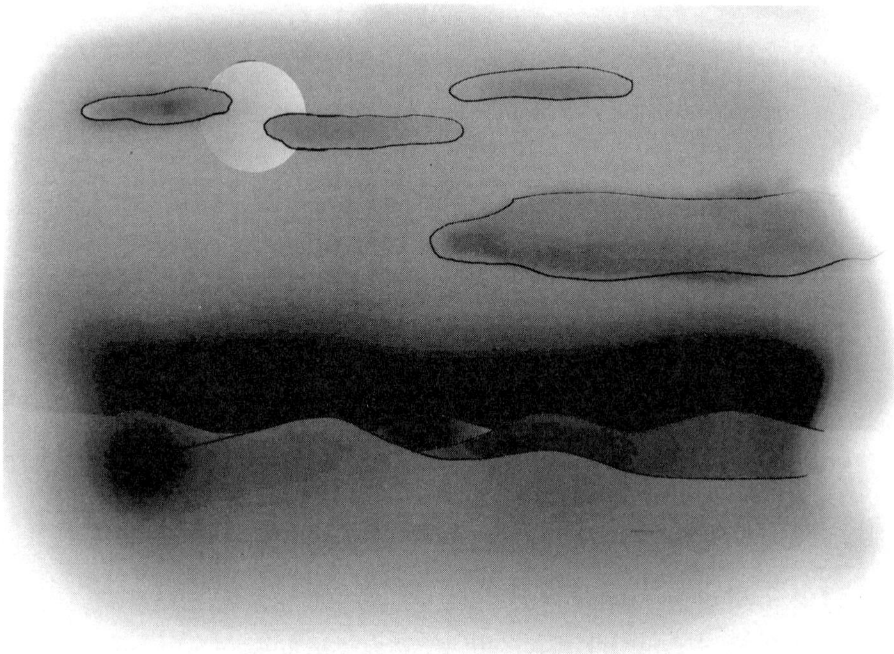

_사전적 정의

• 사물을 똑똑히 알아볼 수 없을 만큼 어두운 모양.

▶ 예문

• 어둑어둑 강물 위로 밤이 내려오고 있었다.≪문순태, 타오르는 강≫

• 시내를 벗어나서도 한참을 더 달리던 트럭이 처형장에 도착했을 때는 어둑어둑 땅거미가 내리고 있었다.≪김성동, 풍적≫

▶ **파생어**

어둑어둑하다. [---두카-]

[형용사]

- 차창 밖의 밤은 수묵으로 흐리게 그려진 그림처럼 어둑어둑하였다.≪이원규, 훈장과 굴레≫
- 해는 어느덧 기울어 석양판이 지나고 어둑어둑한 초저녁이 되었다.≪박종화, 임진왜란≫
- 사방이 어둑어둑해 오는 속에 지서 앞 한길에는 늦은 귀가를 재촉하는 장꾼들로 붐비고 있었다.≪김원일, 불의 제전≫

어슬렁

_사전적 정의

- 사람이나 짐승이 매우 느리게 움직이는 모양.

▶ 파생어

[동사]『…에서』『…을』몸집이 큰 사람이나 짐승이 몸을 조금 흔들며 계속 천천히 걸어 다니다.

- 할 일 없이 거리에서 어슬렁거리다.
- 누렁이는 늘 주둥이로 땅을 쓸며 힘없이 골목길에서 어슬렁거렸다.
- 그는 술에 취한 채 선창 거리를 어슬렁거렸다.
- 그는 뒷짐을 지고 복도를 어슬렁거리고 있었다.
- 어슬렁대다.

[동사]『…에서』『…을』

- 늙은이들이 염소 몇 마리를 끌고 풀밭에서 어슬렁댄다.
- 건달들이 양복바지나 빼입고 술집이며 당구장을 어슬렁대고 있다.
- 그들은 일부러 걸음을 늦추어 어슬렁대는 동작으로 슬슬 다가갔다.≪황석영, 무기의 그늘≫

엉거주춤

_사전적 정의

- 아주 앉지도 서지도 아니하고 몸을 반쯤 굽히고 있는 모양.
- 이러지도 저러지도 못하고 망설이는 모양.

▶ **예문**

- 엉거주춤 서 있다.
- 벤치에 미처 앉기도 전이어서 엉거주춤 굳어 버린 묘한 자세로 그는 나를 멀거니 쳐다보았다.≪안정효, 하얀 전쟁≫
- 시어머니도 정인과 같은 생각인지 역시 철이를 들쳐 업으려다 말고 엉거주춤 일이 돌아가는 형편을 살피는 눈치였다.

▶ **파생어**

엉거주춤하다.

[Ⅰ][동사]

- 나는 다리가 아파서 엉거주춤하고 서 있다.
- 네가 엉거주춤하는 사이에 일이 끝나 버렸다.
- 김두수와 금녀의 눈이 마주친다. 금녀는 짐짓 놀란 척 엉거주춤한다.≪박경리, 토지≫

[Ⅱ][형용사]

- 엉거주춤하게 앉다.
- 말끔한 양복 차림에 넥타이까지 단정하게 맨 처남이 엉거주춤하게 서서 말을 건넸다.≪황석영, 돼지꿈≫
- 이러지도 저러지도 못하고 망설이고 있다.
- 그들은 얘기를 하며 웃다가도 나를 보면 엉거주춤한 표정으로 굳어지곤 했다.≪최인호, 미개인≫
- 이번 출마만 해도 쉽게 결단을 못 내리고 엉거주춤해 있는 남편을 충동질한 건 송씨였다.≪최일남, 거룩한 응달≫

엉금엉금

_사전적 정의

• 큰 동작으로 느리게 걷거나 기는 모양.

▶ 예문

• 거북이가 엉금엉금 기어간다.
• 사내 하나가 두 손을 바닥에 대고 엉금엉금 기기 시작했다.
• 동혁은 온몸을 떨면서 물 밖으로 나와 제방 위로 엉금엉금 기어 올라갔다.≪황석영, 객지≫

▶ 파생어

엉금엉금하다.

옥신각신

_ 사전적 정의

• 서로 옳으니 그르니 하며 다투는 모양.

▶ 예문

• 상인들이 물건 값을 흥정하느라 옥신각신 떠들고 있다.

• 밤이 늦도록까지 옥신각신 의견이 맞지 않았으나 결국 이쯤 해 두고 돌아가서 형편을 보는 것이 좋겠다는 의견들이었다.≪송기숙, 암태도≫

▶ 파생어

옥신각신하다. [-씬-씬--]

[동사] 『(…과)』{'…과'가 나타나지 않을 때는 여럿임을 뜻하는 말이 주어로 온다.

- 주인집 아주머니가 세입자들과 옥신각신하고 있다.
- 두 사람은 요즘 들어 옥신각신하더니 결국 헤어지고 말았다.
- 대문 밖이 수런수런하더니 옳으니 그르니 옥신각신하는 소리가 들려왔다.

와르르

_사전적 정의

- 쌓여 있던 단단한 물건들이 갑자기 야단스럽게 무너지는 소리. 또는 그 모양.
- 많은 사람이 한꺼번에 야단스럽게 몰려가거나 몰려오는 소리. 또는 그 모양.
- 물 따위의 액체가 갑자기 야단스럽게 끓어오르거나 넘치는 소리. 또는 그 모양.
- 가까운 곳에서 천둥이 야단스럽게 치는 소리.
- 담겨 있거나 매달려 있던 물건이 갑자기 쏟아지는 소리. 또는 그 모양.

▶ 예문

- 돌무더기가 와르르 무너졌다.
- 불이 나자 건물 안에 있던 사람들이 출입구 쪽으로 와르르 몰려나왔다.

• 학생들이 교문 밖으로 와르르 쏟아져 나왔다.
• 지난밤부터 진을 치고 있던 장타령꾼들이, 수십 명이나 와르르 달려들어 아귀다툼을 해 가며 음식을 집어 들고 달아났다.≪심훈, 상록수≫
• 먹구름이 밀려오더니 천둥소리가 와르르 들려왔다.
• 물구나무서기를 하자 주머니 속에 들어 있던 동전이 와르르 쏟아진다.
• 노익은 곧 자루 속의 물건을 진열대 위로 와르르 쏟아 놓는다.≪홍성원, 육이오≫
• 다만 소를 가지고 온 농민이 와르르 떠는 소 잔등에 기르마를 털썩털썩 올려놓고 있을 뿐이였다.≪사령부로 가는 길, 선대≫

▶ 파생어

와르르하다.

[동사]

• 담이 와르르하고 무너지고 불붙은 재는 화약처럼 사방으로 확 흩어졌다.≪심훈, 영원의 미소≫
• 그 배가 도착하기만을 기다리던 아이들이 와르르하고 몰려들었다.
• 낡은 자루가 터지면서 옥수수가 와르르하고 쏟아졌다.

▶ 반복형

와르르와르르

요리조리

_사전적 정의

- 일정한 방향이 없이 요쪽 조쪽으로.
- 말이나 행동을 뚜렷하게 정함이 없이 요러하고 조러하게 되는대로 하는 모양.

▶ 예문

- 요리조리 피하다.
- 다도해 여러 섬을 요리조리 빠져나와 추자도를 마지막으로 제주 대양에 들어선다. ≪현기영, 변방에 우짖는 새≫
- 차가 작고 예쁜 집들이 다닥다닥 붙은 골목길을 요리조리 서행하다가 스스로 멎었다.≪박완서, 도시의 흉년≫

- 요리조리 궁리하다.
- 요리조리 따져 보다.

▶ **파생어**

요리조리하다.

[동사]

- 요리조리하다가 시간만 보냈다.
- 일을 요리조리해 보면 요령이 생기겠지.

우뚝

_사전적 정의

- 두드러지게 높이 솟아 있는 모양.
- 남보다 뛰어난 모양.
- 움직이던 것이 갑자기 멈추는 모양.

▶ 예문

- 우뚝 솟은 산맥.
- 그 건물은 철저히 파괴되고 네 벽만 우뚝 서 있다.
- 그는 세계를 제패하고 정상에 우뚝 섰다.
- 오르막길을 치달아 오르던 차가 우뚝 멎어 있는 게 보인다.≪김춘복, 쌈짓골≫

- 미친 듯이 내닫던 걸음을 별안간 우뚝 세우느라고 나중의 두어 발짝은 펄 바닥을 쭈르르 미끄럼 타는 꼴이 된다.≪윤흥길, 묵시의 바다≫
- 책상 앞에 앉았던 병일이는 책상을 짚은 팔뚝에 우뚝 힘을 주며 자리에서 일어섰다.≪석개울의 새봄, 선대≫

▶ 파생어

우뚝하다. [-뚜카-]

[형용사]

- 먼저 난 털보다 나중 난 뿔이 우뚝하다더니 이러다가는 소작회 간판 떼다 와촌으로 옮긴다는 말이 나오겠네.≪송기숙, 암태도≫
- 크고 그윽한 눈에는 슬기와 열정이 함께 빛나고 우뚝한 콧날에는 굳건한 의지가 서려 있었다.≪이문열, 황제를 위하여≫
- 사후에 영의정으로 증직될 만큼 우뚝한 아버지가, 한때 잠깐 곤두박질쳤으나….≪최명희, 혼불≫

▶ 반복형

우뚝우뚝

▶ 반복형 예문

새로 생긴 높은 건물들이 우뚝우뚝 서 있다.

우르르

_사전적 정의

- 사람이나 동물 따위가 한꺼번에 움직이거나 한곳에 몰리는 모양.
- 액체가 갑자기 끓어오르거나 넘치는 소리. 또는 그 모양.
- 쌓여 있던 물건들이 갑자기 무너져 내리거나 쏟아질 때 나는 소리. 또는 그 모양.
- 폭포수가 쏟아져 내리거나 천둥이 울리는 소리.

▶ 예문

- 몰려섰던 사람들이 우르르 달려들며 발길질을 했다.≪송기숙, 암태도≫
- 명훈과 현수는 몇몇 다른 아이들과 마찬가지로 가만히 앉아서 그 행렬이 다가오기

를 기다리지 못하고 우르르 그쪽으로 몰려갔다.≪이문열, 변경≫

- 성 위에 까맣게 올라 있던 사람들이 흡사 성 담 무너지듯 우르르 성안으로 뛰어내렸다.≪현기영, 변방에 우짖는 새≫
- 국이 한 번 우르르 끓을 때 양념을 썰어 넣고 불을 약하게 해라.
- 선반에 쌓아 두었던 장난감들이 우르르 떨어졌다.
- 지난 장마에 흙벽돌 담이 우르르 무너져 내리면서 꽃밭을 덮쳐서 꽃들이 흙더미에 쌓여 있다.
- 거대한 폭포가 우르르 쾅쾅 떨어지는 광경을 보니 더위가 싹 가시는 기분이다.
- 번쩍하고 번갯불이 깜깜한 하늘을 잠시 밝히는가 했더니 곧 이어서 우르르 쾅 하는 소리가 들렸다.

▶ 파생어

우르르하다.

우물우물

_사전적 정의

- 말을 시원스럽게 하지 아니하고 입 안에서 자꾸 중얼거리는 모양.
- 음식물을 입 안에 넣고 시원스럽지 아니하게 자꾸 씹는 모양.
- 입술이나 근육 따위가 자꾸 우므러지는 모양.
- 행동을 제대로 하지 못하고 흐리멍덩하게 하거나 머뭇거리는 모양.

▶ 예문

- 그녀는 우물우물 말을 한다.
- 이가 없어 우물우물 떡을 먹는다.
- 해 도사는 말해 놓고 우물우물 김치 가락을 씹는다.

• 안면 근육이 우물우물 오른쪽으로 실그러진다.

• 우물우물 망설이다.

▶ **파생어**

우물우물하다.

[동사]

—『…을』

• 말을 우물우물하는 버릇은 빨리 고쳐야 한다.

• 밥을 우물우물하며 느릿느릿 먹다.

—『(…을)』

• 그는 습관적으로 우물우물하기 때문에 우유부단해 보인다.

우물쭈물

_ 사전적 정의

• 행동 따위를 분명하게 하지 못하고 자꾸 망설이며 몹시 흐리멍덩하게 하는 모양.

▶ 예문

• 얘, 우물쭈물 망설이지만 말고 좀 속 시원히 말을 해 보렴.
• 효중은 잠시 데스크 앞에서 대답을 잃고 우물쭈물 망설였다.≪홍성원, 육이오≫
• 언니는 도무지 못 알아듣는 시늉을 하며 잠에 취한 소리로 우물쭈물 대답했다.≪오정희, 유년의 뜰≫

▶ **파생어**

<u>우물쭈물하다.</u>

[동사]

- 그는 아내가 우물쭈물하고 있는 게 미안해서 얼른 화제를 돌렸다.
- 어떻게 맞이해야 될지 몰라 우물쭈물하고 있는 큰며느리에게 김밥과 더운물까지 내놓게 했다.≪이문열, 영웅 시대≫
- 너무 박절한 것 같은 느낌이 들어 적당한 변명의 구실을 찾아내느라고 우물쭈물하고 있었다.≪백도기, 청동의 뱀≫

움푹

_사전적 정의

- 가운데가 깊이 들어가 우묵한 모양.

▶ 예문

- 움푹 꺼지다.
- 길이 움푹 팬 곳에 물이 괴어 있었다.≪조세희, 뫼비우스의 띠≫
- 육손이 아버지는 움푹 들어간 눈을 껌벅거리며....≪전상국, 하늘 아래 그 자리≫

▶ 파생어

<u>움푹하다.</u> [-푸카-]

[형용사]

- 그가 움푹한 눈으로 사람을 응시하면, 사람들은 왠지 모르게 겁을 먹었다.
- 두 사람은 어느 틈에 개활지를 가로질러 움푹하게 땅이 꺼진 도랑에까지 다다랐다. ≪홍성원, 육이오≫
- 장 돼지는 움푹한 구덩이 속에 엎드려 목을 길게 뽑고 이관일 상병을 어리벙벙한 눈으로 쳐다보고 있었다.≪안정효, 하얀 전쟁≫

▶ 반복형

움푹움푹

▶ 반복형 예문

하얀 눈 밭에 강아지 발자국만 움푹움푹 패여 있다.

웅성거리다

_사전적 정의

[동사]

- 여러 사람이 모여 소란스럽게 떠드는 소리가 자꾸 나다.

▶ 예문

- 사병들은 식당 벽 양지쪽 여기저기에서 떼를 지어 웅성거렸는데....≪김용성, 리빠똥 장군≫
- 군중들은 여기저기 무리 져서 웅성거리고 있었다.≪송기숙, 녹두 장군≫

▶ **반복형**

웅성웅성

▶ **반복형 예문**

온 마을 사람들이 모여 웅성웅성 얘기를 나누고 있었다.

윙윙

_사전적 정의

- 조금 큰 벌레나 돌 따위가 매우 빠르고 세차게 잇따라 날아가는 소리.
- 거센 바람이 전선이나 철사 따위에 빠르고 세차게 잇따라 부딪치는 소리.
- 큰 기계의 모터나 바퀴가 잇따라 세차게 돌아가는 소리.
- 귓속에서 잇따라 울리어 나는 소리.

▶ 예문

- 말벌이 윙윙 날아다니다.
- 돌팔매가 윙윙 날아가다.
- 메마른 가지마다 찬 겨울바람이 윙윙 울고 있다.
- 전깃줄이 우는 소리가 윙윙 들린다.

• 기계 소리가 윙윙 들린다.
• 밤만 되면 윙윙 모터 돌아가는 소리가 더 크게 들린다.
• 무슨 병인지 자꾸만 귀에서 윙윙 소리가 난다.
• 밤중이 되자 윙윙 귀에 군소리가 들릴 만치 온 병원 안이 고요해진다.≪유진오, 화상보≫

▶ **파생어**

윙윙거리다.

[동사]

• 차려 놓은 음식들 위로 파리가 윙윙거렸다.
• 벌들이 윙윙거리며 이 꽃 저 꽃으로 날아다녔다.
• 거센 바람이 전선이나 철사 따위에 빠르고 세차게 부딪치는 소리가 잇따라 나다. 강바람만이 윙윙거리며 잡목 가지들을 무섭게 흔들어 대고 있었다.≪문순태, 타오르는 강≫
• 깊은 골짜기에 칼바람이 윙윙거렸으나 햇살은 넉넉하게 꽂혀 내렸다.≪문순태, 피아골≫
• 큰 기계의 모터나 바퀴가 세차게 돌아가는 소리가 잇따라 나다.
• 어디선가 불도저의 윙윙거리는 소리가 들려오고 있었다.≪최인호, 미개인≫
• 장거리 트럭의 윙윙거리는 타이어 소리가 이따금 주변의 공기를 무겁게 진동시켰다.≪박완서, 그 많던 싱아는 누가 다 먹었을까≫
• 귓속에서 울리는 소리가 잇따라 나다.
• 시끄러운 강당에서 조용한 곳으로 옮겼는데도 귀가 윙윙거린다.

윙윙대다.

[동사]

- 교정에는 꽃 냄새가 그득했고 벌들이 윙윙댔다.
- 바람에 빨랫줄이 윙윙댔다.
- 탈곡기가 윙윙대며 돌아간다.
- 귀에서 윙윙대는 소리가 들리는 중에 구레나룻 청년의 외침이 섞여 들었다.≪김원일, 노을≫

윙윙하다.

[동사]

- 벌떼가 윙윙하며 벌집 주위를 맴돌았다.
- 거센 바람이 윙윙하는 소리를 내며 나뭇가지들을 뒤흔들고 있다.
- 날마다 윙윙하는 기계 소리 때문에 잠을 못 이루겠다.
- 비행기가 이륙하자 한동안 귀에서 윙윙하는 소리가 계속 났다.

으르렁

_ 사전적 정의

- 크고 사나운 짐승 따위가 성내어 크고 세차게 울부짖는 소리. 또는 그 모양.
- 조금 부드럽지 못한 말로 크고 세차게 외치거나 다투는 소리. 또는 그 모양.

▶ 예문

- 호랑이의 으르렁 소리에 새들이 놀라 날아갔다.

▶ 파생어

으르렁거리다.

[동사]

• 개는 달아나지 않고 그 애의 주변을 돌며 으르렁거렸다.

• 조금 부드럽지 못한 말로 자꾸 크고 세차게 외치거나 다투다.

• 그들은 만나기만 하면 늘 으르렁거리며 싸운다.

• 오 서방은…걸핏하면 멱살을 붙잡고 으르렁거리던 터에, 그날 사톳재 주막에서 기어코 싸움이 벌어지고 만 것이었다.≪문순태, 타오르는 강≫

<u>으르렁대다.</u>

[동사]

• 그 애는 돌아서서 아직도 으르렁대고 있는 개를 향해 복숭아씨를 뱉었다.≪오정희, 적요≫

<u>으르렁하다.</u>

[동사]

• 자는 줄만 알았던 개의 옆을 무심코 지나가다 그 개의 으르렁하는 소리에 나는 기겁을 하여 뛰어갔다.

▶ 반복형

<u>으르렁으르렁</u>

으스스

_사전적 정의

• 차거나 싫은 것이 몸에 닿았을 때 크게 소름이 돋는 모양.

▶ 예문

• 비에 젖어 으스스 한기를 느끼다.

• 나는 그 일을 생각만 해도 온몸이 으스스 떨린다.

▶ 파생어

으스스하다.

[형용사]

- 찬 새벽바람이 으스스하게 몸을 죄었다.
- 처음 기차에서 내렸을 때 느꼈던 이른 봄 아침의 으스스함은 조금도 남아 있지 않았다.≪이문열, 변경≫

으쓱

_ 사전적 정의

- 갑자기 어깨를 한 번 들먹이는 모양.
- 어깨를 들먹이며 우쭐하는 모양.
- [부사] 갑자기 무섭거나 차가움을 느낄 때 몸이 크게 움츠러드는 모양.

▶ 예문

- 나는 무의식중에 어깨를 으쓱 추어올렸다.≪전상국, 하늘 아래 그 자리≫
- 소름이 으쓱 끼쳤다.

▶ 파생어

으쓱거리다. [--꺼--]

[동사]『(…을)』

• 신이 나서 어깨가 저절로 으쓱거렸다.
• 미군은 우리를 향해 별수 없지 않겠느냐는 듯이 어깨를 으쓱거려 보이며 고개를 갸우뚱했다.≪김용성, 도둑 일기≫
• 어깨를 들먹이며 자꾸 우쭐거리다.
• 제가 무어라고 서울 한 번 갔다 왔다고 으쓱거리느냐 싶어 망신을 주어야겠다고 느낀 거야.≪박태순, 어느 사학도의 젊은 시절≫

으쓱대다. [--때-]

[동사]『(…을)』

• 가야금 소리에 나도 모르게 어깨가 으쓱댔다.
• 어깨를 으쓱대다.
• 나는 어느 세월에 감투를 쓰고 으쓱대 보랴.

으쓱이다.

[동사]『(…을)』

• 내가 생각해도 잘한 것 같아 괜히 어깨가 으쓱이며 신이 났다.
• 시험에 어렵게 통과한 선배는 나를 보자 어깨를 으쓱이며 씩 웃었다.
• 어깨를 들먹이며 우쭐하다.

으쓱하다. [-쓰카-]

[동사]『(…을)』

• 내가 그의 어깨를 치자 그의 어깨가 한 번 으쓱할 뿐 더 이상의 반응은 없었다.
• 그들은 장난꾸러기같이 어깨를 으쓱하며 쿡쿡 웃었다.
• 남들이 존경스러운 눈으로 쳐다볼 때마다 괜히 으쓱해서 좋았지만, 몇 시간 있으면 월남에 도착한다니까 조금은 아찔해.≪안정효, 하얀 전쟁≫

으쓱하다. [-쓰카-]

[형용사] 『…이』

• 등에 찬물을 끼얹는 듯 몸이 으쓱하다.

▶ 반복형

으쓱으쓱

▶ 반복형 예문

민서는 우등 상장을 손에 쥐고 어깨를 으쓱으쓱 올리며 웃었다.

이글이글

_사전적 정의

- 불이 발갛게 피어 불꽃이 어른어른 피어오르는 모양.
- 정열이나 분노, 정기 따위가 왕성하게 일어나는 모양.
- 얼굴이나 살이 벌그레하게 자꾸 상기되거나 뜨거워지는 모양.

▶ 예문

- 불꽃이 이글이글 타오른다.
- 그날은 밤이 깊도록 화톳불이 이글이글 탔다.
- 이글이글 끓어오르는 분노.

- 이글이글 불타는 눈빛.
- 유난히도 장군의 눈은 이글이글 타오르고 큰 입이 헤벌쭉 벌려져 있었다.≪김용성, 리빠똥 장군≫
- 얼굴은 열기로 온통 이글이글 타오르는 듯했다.

▶ **파생어**

이글이글하다. [-글리---/-그리---]

[동사]

- 난롯불이 이글이글하며 타고 있다.
- 그의 눈은 분노로 이글이글한다.
- 남편은 맥주 한 잔만 마셔도 얼굴이 온통 빨개지며 이글이글한다.

이리저리

_사전적 정의

- 일정한 방향이 없이 이쪽저쪽으로.
- 말이나 행동을 뚜렷하게 정함이 없이 이러하고 저러하게 되는대로 하는 모양.

▶ 예문

- 이리저리 돌아다니다.
- 이리저리 뛰어다니다.
- 가방을 이리저리 아무리 찾아도 보이지 않았다.
- 그는 아침 일찍 이리저리 거닐기 시작했다.

- 까만 날벌레가 방 안을 이리저리 날아다니며 아까부터 소란을 피우고 있었다.≪윤흥길, 장마≫
- 이리저리 핑계를 대다.
- 집으로 돌아오는 길에서도 이리저리 기억을 더듬어 보았으나, 도무지 그가 누구라는 것이 떠오르지 않았다.

▶ 파생어

이리저리하다.

[동사]

- 이리저리하다 보니 시간이 다 가 버렸다.
- 궁리를 이리저리해 보면 좋은 수가 생기겠지.

잔잔하다

_사전적 정의

- 바람이나 물결 따위가 가라앉아 잠잠하다.
- 분위기가 고요하고 평화롭다.
- 태도 따위가 차분하고 평온하다.
- 소리가 조용하고 나지막하다.

[형용사]

- 잔잔한 호수
- 잔잔한 바다
- 잔잔한 수면
- 다도해는 비로 쓴 것같이 물결이 잔잔하였다.≪현기영, 변방에 우짖는 새≫

- 분위기가 고요하고 평화롭다.
- 잔잔한 감동을 느끼다.
- 시끄럽던 교실의 분위기가 잔잔하게 가라앉았다.
- 잔잔하던 집안에 한바탕 큰 소동이 일어났다.
- 태도 따위가 차분하고 평온하다.
- 잔잔한 눈빛
- 잔잔한 미소
- 그는 부드럽고 잔잔한 웃음기를 얼굴에 띄웠다.
- 어머니는 잔잔한 시선으로 아들의 얼굴을 보았다.
- 소리가 조용하고 나지막하다.
- 잔잔한 옥피리 소리
- 그는 잔잔하게 말했다.
- 그는 눈을 지그시 감고 잔잔한 목소리로 이야기를 시작했다.
- 상희의 음성은 극히 잔잔하였지만, 거기에는 범할 수 없는 어떤 엄숙함이 있었다.≪손창섭, 낙서족≫
- 병이나 형세 따위가 더하지 아니하고 그만하다.
- 한동안 잔잔하던 어머님의 병세가 어제부터 갑자기 악화되었다.

잘록

_ 사전적 정의

- 기다란 물건의 한 군데가 패어 들어가 오목한 모양.

▶ 예문

- 그녀는 댕기를 오른편 볼을 잘록 눌러 입에 물었다.

▶ 파생어

잘록하다. [-로카-]

[형용사]

- 모가지가 잘록한 망태기.
- 산굽이가 잘록하다.
- 머리채는 뒷목 근처에서 흰 손수건으로 잘록하게 맸다.≪한승원, 해일≫
- 허리가 잘록하게 들어간 은회색 코트를 입고 단발머리에 갈색 모자를 쓴다.≪박경리, 토지≫

▶ 반복형

잘록잘록

잠잠

_사전적 정의

[형용사]

- 분위기나 활동 따위가 소란하지 않고 조용하다.
- 말 없이 가만히 있다.

▶ 예문

- 그 사무실은 늘 잠잠하다.
- 마루와 건넌방 사이에서 남매가 주거니 받거니 하다가 잠깐 잠잠하다.
  아이가 잠잠하게 있다.
- 그들이 돌아와 네 몸에 묶인 결박을 풀어 줄 때까지 넌 좀 잠잠하게 있어 줘야겠어.

≪최인호, 지구인≫

[부사]

- 이 외롭고 쓸쓸한 어느 시인의 머리말에서 그의 작품을 잠잠히 비춰 주는 램프의 불빛......≪박목월, 구름의 서정≫
- 이날따라 선뜻 목청을 뺄 염이 나지 않는지 잠잠히 앉았다.≪한무숙, 유수암≫
- 입을 다문 채 잠잠히 그의 말에 귀를 기울이고 있었다.≪이청준, 이어도≫
- 동욱은 찍소리도 못하고 잠잠히 기다렸다.≪윤흥길, 묵시의 바다≫

재잘거리다

_사전적 정의

- 낮고 빠른 목소리로 자꾸 재깔이다.
- 참새 따위의 작은 새들이 서로 어울려 자꾸 지저귀다.

▶ 예문

- 계집아이들은 끼리끼리 모여 재잘거렸다.
- 아이들이 재잘거리는 소리에 낮잠을 설쳤다.
- 온갖 새가 유월의 녹음 속에서 재잘거렸다.

▶ 반복형

- 재잘재잘

▶ 반복형 예문

- 벌써 아이들이 재잘재잘 떠드는 소리가 들려온다.

절레절레

_사전적 정의

- 머리를 좌우로 자꾸 흔드는 모양.

▶ 예문

- 고개를 절레절레 젓다.
- 머리를 절레절레 내두르다.

▶ 파생어

절레절레하다.

점점

_ 사전적 정의

- [부사] 조금씩 더하거나 덜하여지는 모양.
- [명사] 낱낱의 점.
- 점을 찍은 듯이 여기저기 흩어져 있는 모양.

▶ 예문

- 약속 시간이 점점 가까워진다.
- 날씨가 점점 추워진다.
- 우리는 점점 불안해지기 시작했다.
- 나는 차성희가 카운터에서 셈을 하고 검은색 바탕에 파란 점점의 무늬가 놓인 코트를 입곤 도어를 밀고 나가는 것을 보고도 움직이지 않았다.≪이병주, 행복어 사전≫
- 해가 저물자 가로등이 점점으로 밝아 왔다.

조마조마

_사전적 정의

- 닥쳐올 일에 대하여 염려가 되어 마음이 초조하고 불안한 모양.

▶ 예문

- 그동안에 세 여자는 뜰에 내려와 서서 조마조마 마음을 졸이며 노려보고 섰다.≪염상섭, 취우≫
- 노마는 조마조마 다음에 일어날 행동을 기다리며 발발 떤다.≪현덕, 남생이≫

▶ 파생어

조마조마하다.

[형용사] 『…이』

- 곡예사가 줄 위로 걸어가자 구경꾼들은 마음이 조마조마하였다.
- 웅보는 역도질을 하면서도 혹시나 박 초시네 하인들이 몰려와서 또 해코지를 하면 어쩌나 하고 마음이 조마조마하였다.≪문순태, 타오르는 강≫
- 그에 비하면 윤수는 죽음이라는 말을 입 밖에 내어서 말하는 법은 없었지만 언제 어떻게 되어 버릴지 조마조마하기 짝이 없는 친구였다.≪김승옥, 환상 수첩≫

조심조심

_ 사전적 정의

- 잘못이나 실수가 없도록 말이나 행동에 매우 마음을 쓰는 모양.

▶ 예문

- 어두컴컴한 계단을 조심조심 더듬어 내려갔다.
- 그가 눈치채지 못하게 조심조심 뒤를 밟았다.
- 오해의 소지가 없도록 조심조심 묻기 시작했다.
- 품 안에서 잠든 아이를 조심조심 자리에 내려놓았다.

▶ **파생어**

<u>조심조심하다.</u> 〔조:-----〕

[동사] 『…에』『…을』

- 부모님께 누를 끼치지 않기 위해 매사에 조심조심하고 있다.
- 미끄러지지 않도록 딛는 발에 조심조심하면서 빙판 길을 내려왔다.
- 혹 그에게 상처를 줄까 봐 말을 조심조심했다.
- 어른들 앞이라 행동을 조심조심한다.
- 행여 내가 폐가 되지 않을까 행동거지를 조심조심하였다.
- 나는 소리 내지 않으려고 한 걸음 한 걸음 조심조심하며 걸었다.

졸졸

_사전적 정의

- 가는 물줄기 따위가 잇따라 부드럽게 흐르는 소리. 또는 그 모양.
- 작은 동물이나 사람이 자꾸 뒤를 따라다니는 모양.
- 가는 줄이나 천 따위가 바닥에 자꾸 끌리는 모양.
- 작은 물건을 여기저기 자꾸 흘리는 모양.
- 조금도 막힘이 없이 글을 읽거나 쓰거나 말하는 모양.

▶ 예문

- 시냇물이 졸졸 흐르다.
- 계곡 옆 바위 밑에 꽤 많은 물이 고였다가 졸졸 흐르는 우물이 있었다.≪유주현, 대한 제국≫

- 강아지가 노인을 졸졸 따라다녔다.
- 우리는 조금 겁먹은 얼굴을 하고 그들의 뒤를 졸졸 따라서 왔다.
- 아이가 과자 부스러기를 방바닥에 졸졸 흘리고 다닌다.
- 꼬마가 필통에서 연필과 지우개를 졸졸 흘리고 있었다.
- 긴장하니까 졸졸 외우던 구절조차 기억나지 않는다.
- 한 일 자도 모르는 쌀분이가 삼신할미한테 비는 법을 졸졸 거침없이 다 외고 있음이 신통하기도 하고 놀랍기도 하여...≪문순태, 타오르는 강≫

▶ 파생어

졸졸거리다.

[동사]

- 졸졸거리며 흐르는 물.
- 도랑물이 졸졸거리며 냇가로 흘러간다.
- 작은 동물이나 사람이 자꾸 뒤를 따라다니다.
- 어미 닭을 졸졸거리며 따라다니는 햇병아리들의 모습.

졸졸대다.

[동사]

- 시냇물이 졸졸대며 흐른다.
- 강아지가 졸졸대며 나를 따라온다.

종종

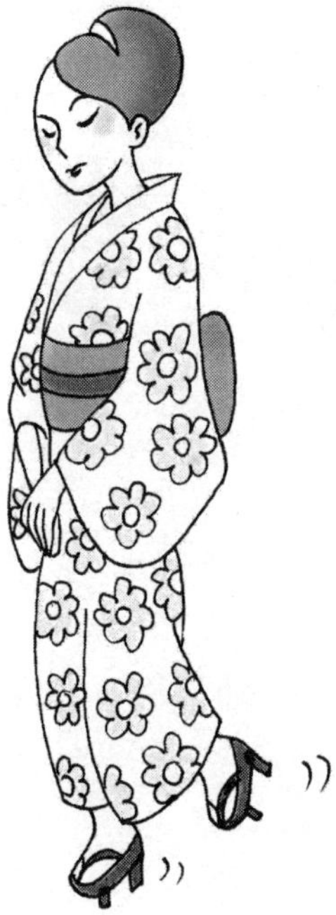

_사전적 정의

• 발걸음을 가까이 자주 떼며 빨리 걷는 모양

▶ 예문

• 열차에서 내린 사람들은 종종거리며 역사를 빠져나갔다.

▶ 파생어

종종거리다.

주렁주렁

_사전적 정의

- 열매 따위가 많이 매달려 있는 모양.
- 사람들이 많이 딸려 있는 모양.

▶ 예문

- 열매가 주렁주렁 달리다.
- 윤이 눈길을 입구에 돌리자 이철을 선두로 네댓 명이 주렁주렁 들어서고 있었다. ≪선우휘, 깃발 없는 기수≫

▶ **파생어**

주렁주렁하다.

[형용사]

- 가지에 포도송이들이 주렁주렁하다.
- 외투를 꺼내 보았다. 소매 끝이 닳아 실밥이 주렁주렁하다.≪이병주, 행복어 사전≫
- 나는 그에게 주렁주렁한 자식들을 볼 때마다 어떻게 먹여 살리는지 궁금하였다.
- 어느 사내가 애들이 넷씩이나 주렁주렁한 여편네를 데리고 살겠냐.≪황석영, 영등포 타령≫

주룩주룩

_사전적 정의

- 굵은 물줄기나 빗물 따위가 빠르게 자꾸 흐르거나 내리는 소리. 또는 그 모양.
- 주름이 고르게 많이 잡힌 모양. 주룩
- [부사] 굵은 물줄기나 빗물 따위가 빠르게 잠깐 흐르다가 그치는 소리. 또는 그 모양.

▶ 예문

- 늦잠에서 깨었을 때는 비가 주룩주룩 내리고 있었다.≪윤흥길, 무지개는 언제 뜨는가≫

• 기름통을 들고 나뭇더미로 간 그는 주룩주룩 기름을 뿌렸다.≪한수산, 유민≫
• 저고리에 주름이 주룩주룩 잡히다
• 손에 주룩주룩 주름살 간 것이 하도 이상하여 길을 가면서도 만져 보고 만져 보고 하던 그 큰어머님의 손....≪이양하, 이양하 수필선≫
• 한 입 베어 물면 입가로 단물이 주룩 흐르는, 아주 맛 좋은 복숭아였다.≪이동하, 우울한 귀향≫

▶ **파생어**

주룩주룩하다. [--쭈루카-]

주섬주섬

_사전적 정의

- 여기저기 널려 있는 물건을 하나하나 주워 거두는 모양.
- 조리에 맞지 아니하게 이 말 저 말 하는 모양.

▶ 예문

- 책을 주섬주섬 가방에 챙겨 넣다
- 그녀는 빨래를 주섬주섬 걷었다.
- 그는 옷을 주섬주섬 챙겨 입고 집을 나섰다.

- 논개는 주섬주섬 바느질하던 것을 주워 모아서 고리에 담아 장 밑으로 치워 버린다. ≪박종화, 임진왜란≫
- 문살에 걸려 있는 손바닥만 한 햇살을 바라보며 임 씨는 주섬주섬 장갑을 찾아 손에 끼었다.≪한수산, 부초≫
- 주섬주섬 변명을 늘어놓다.
- 우리들은 가끔 만나 바닷가에서 주섬주섬 얘기를 나누었고 버림받은 오누이처럼 서로 무척 의지하는 사이가 되었다.≪안정효, 하얀 전쟁≫

▶ 파생어

주섬주섬하다.

[동사]

『…을』

- 그는 책상에 널린 서류를 주섬주섬하며 퇴근할 준비를 하였다.
- 변명을 주섬주섬하다.

줄줄

_사전적 정의

- 굵은 물줄기 따위가 잇따라 부드럽게 흐르는 소리. 또는 그 모양
- 동물이나 사람이 자꾸 뒤를 따라다니는 모양.
- 굵은 줄이나 천 따위가 바닥에 자꾸 끌리는 모양.
- 물건을 여기저기 자꾸 흘리는 모양.
- 조금도 막힘이 없이 글을 읽거나 쓰거나 말하는 모양
- 물건 따위가 자꾸 미끄러지거나 흘러내리는 모양...

▶ **예문**

- 눈물이 줄줄 흐르다.
- 내 동생은 상급생인데도 아직 코를 줄줄 흘리고 다닌다.
- 봉투가 터졌는지 생선 국물이 줄줄 샌다.
- 강아지처럼 나만 줄줄 따라다니지 말고 가서 네 할 일을 해라.
- 그 주책없는 마나님은 젊은것들을 줄줄 끌고 다니는 것을 좋아했다.
- 이 동네 아이들은 바지통을 넓고 길게 만들어 입고는 길바닥을 줄줄 쓸고 다닌다.
- 그 아이는 칠칠치 못하게 제 물건을 줄줄 흘리고 다닌다.
- 우리 아이는 벌써 애국가를 4절까지 줄줄 왼다.
- 아이들은 시험공부를 열심히 했는지, 답안지를 받자마자 줄줄 잘도 써 내려간다.
- 이 아이는 아무도 가르쳐 주지 않은 한국말로 자기소개를 줄줄 한다.
- 바지가 줄줄 흘러내리다.
- 눈길에 발이 줄줄 미끄러지다.

지긋지긋

_사전적 정의

• 진저리가 나도록 몹시 싫고 괴로운 모양.

▶ 예문

• 나는 가난이 지긋지긋하다.

• 오랜 투병 생활을 한 나는 병원 냄새만 맡아도 지긋지긋했다.

• 그는 술 생각만 해도 지긋지긋했다.

쨍쨍

_ 사전적 정의

- 쇠붙이 따위가 자꾸 세게 부딪쳐서 날카롭고 높게 울리는 소리.
- 유리나 단단한 얼음장이 자꾸 부딪치거나 갈라지며 울리는 소리.
- 귀가 먹먹할 정도로 높고 강하게 자꾸 울리는 소리.
- [부사] 햇볕 따위가 몹시 내리쬐는 모양.
- [부사] 조금 언짢거나 못마땅하여 자꾸 보채거나 짜증을 내는 모양. '쟁쟁'보다 센 느낌을 준다.

▶ 예문

- 대장간에서 쇠를 두들기는 소리가 쨍쨍 울려 왔다.

• 날이 풀리자 강 여기저기서는 얼음장이 갈라지는 소리가 쨍쨍 울려 왔다.
• 별안간 쌍나팔 소리가 좁은 산골을 쨍쨍 울리자 마을 사람들은 웬일이 났는지 모르고 문밖으로 뛰어나왔다.≪이기영, 봄≫
• 맨날 화약을 뻥뻥 터뜨리고, 그러면 산이 쨍쨍 울리고....≪이동하, 우울한 귀향≫
• 햇볕이 쨍쨍 내리쬐는 바닷가.
• 비가 오는 날이나 쨍쨍 갠 날이나 항상 장화를 신었다.≪이호철, 소시민≫
• 잡초가 우북한 철공소 부근 빈 터에 가을볕이 제법 쨍쨍 비치고 있었다.≪윤홍길, 황혼의 집≫
• 아이가 제 어머니 치맛자락을 잡고 계속 쨍쨍 울어 댄다.

▶ **파생어**

쨍쨍하다.

[형용사]

• 머리 위로는 한낮의 태양이 살갗을 태울 듯이 쨍쨍하게 내리비추었다.
• 햇볕은 쨍쨍했으나 날씨는 바늘로 찌르듯이 맵고 추웠다.
• 오전에는 한줄기 비가 오더니 오후에는 구름이 걷히고 유월의 불볕이 쨍쨍하게 내리비추고 있다.≪홍성원, 육이오≫

쨍쨍하다.

[동사]

• 육중한 몸집의 그가 얼음판 위로 올라서자 얼음판이 여기저기서 쨍쨍하며 갈라졌다.
• 그녀는 목청을 높여 차 안을 향해 쨍쨍하게 고함을 쳤다.

쨍쨍거리다.

[동사] 조금 언짢거나 못마땅하여 계속해서 자꾸 보채거나 짜증을 내다. '쟁쟁거리다'보

다 센 느낌을 준다.

- 아이가 장난감을 안 사 준다고 쨍쨍거린다.
- 고게, 똑 어머닐 닮아서 사사건건이 어떻게 심하게 쨍쨍거리는지, 정신 이상에 걸릴 정도야.≪손창섭, 낙서족≫

쨍쨍대다.

[동사]

- 곁에서 쨍쨍대며 조르지 말고 집에 가서 네 일이나 해라.

쨍쨍하다.

[동사]

- 애들이 과자를 사 달라고 하도 쨍쨍하기에 한 봉지씩 주었다.

쩍

_ 사전적 정의

- 혀를 차면서 입맛을 크게 한 번 다시는 소리. 또는 그 모양.
- 대번에 크게 쪼개지거나 벌어지는 소리. 또는 그 모양.
- 입이나 팔, 다리 따위를 아주 크게 벌리는 모양.
- 물체가 바싹 다가붙거나 끈기 있게 들러붙는 모양.
- 껌이 입천장에 쩍 붙었다.
- 입맛에 딱 맞는 모양.

▶ 예문

- 돈이 없어서 맛있는 과일을 보고도 입만 쩍 다시고 돌아서야 했다.
- 쩍 벌어진 어깨.
- 수박이 반으로 쩍 쪼개지다.
- 칼을 번쩍 들어 바위를 내려치자 불꽃이 나며 바위가 둘로 쩍 갈라졌다.

- 두 팔을 쩍 벌리고 서 있는 허수아비
- 윤 생원은 에라 모르겠다, 까짓 놈의 것, 될 대로 되겠지 싶으며 그만 입을 쩍 벌려 버렸다.≪하근찬, 야호≫
- 두 다리를 쩍 벌리고 두 손을 양쪽 허리에 꽉 짚은 의연한 자세로 부둣가에 선 중년 신사는 다시 한 번 뇌까렸다.≪유주현, 대한 제국≫
- 껌이 입천장에 쩍 붙었다.
- 식탁 위에 엎질러진 꿀이 손바닥에 쩍 들러붙었다.

▶ 반복형

쩍쩍

▶ 반복형 예문

더 먹을게 없자 아이는 입맛을 쩍쩍 다시고 서있었다.

쯧쯧

_사전적 정의

- 연민을 느끼거나 마음에 못마땅하여 자꾸 가볍게 혀를 차는 소리.

▶ 예문

- 쯧쯧! 철없는 놈.
- 쯧쯧! 고생이 오죽 심했겠니?
- 쯧쯧! 스무 살이나 된 놈이 집안 어른도 모르다니.
- 어머니는 내가 갓난아이 때부터 말 못할 고집쟁이였다고 내가 고집을 부릴 때마다 "쯧쯧 세 살 적 버릇이 여든까지 간다더니" 하며 심히 못마땅해했다.≪박완서, 지렁이 울음소리≫

찔끔

_ 사전적 정의

- 겁이 나거나 놀라서 몸을 갑자기 뒤로 물리듯 움츠리는 모양.
- 액체 따위가 조금 새어 흐르거나 나왔다 그치는 모양.
- 비가 아주 조금 내렸다 그치는 모양.
- 물건 따위를 조금씩 흘리는 모양.
- 물건이나 돈 따위를 조금씩 쓰거나 나누어서 주는 모양.

▶ 예문

- 그는 목을 움츠리며 눈을 찔끔 감았다.

- 떡과 고구마를 차려 놓고 앉은 두 여자는 염상구가 자신들에게로 오고 있는 것을 눈치 채고는 찔끔 긴장했다.≪조정래, 태백산맥≫
- 등에서 땀이 찔끔 나다.
- 눈물을 찔끔 흘리다.
- 잠깐 샛강께로 생각을 굴리는 바람에 뜨거운 국물이 찔끔 땅에 쏟아진 것이다.≪이정환, 샛강≫
- 봄비가 찔끔 내리다.
- 자루에서 쌀이 찔끔 흘러나왔다.
- 어릴 적에 받아 본 용돈이라고는 할아버지께서 어쩌다 한 번 찔끔 주는 게 고작이었다.

▶ 파생어

찔끔하다.

[동사]

- 그는 아내의 질문에 내심 찔끔했지만 아무렇지 않은 듯 대답했다.

찔끔거리다.

[동사]

—『(…을)』 액체 따위가 조금씩 자꾸 새어 흐르거나 나왔다 그쳤다 하다. 또는 그렇게 되게 하다. '질금거리다'보다 센 느낌을 준다.

- 막걸리도 한 잔 따라 사방에다 몇 방울씩 찔끔거렸다.≪이문구, 장한몽≫
- 동생은 불쌍한 사람을 보면 눈물을 찔끔거리곤 했다.
- 소주를 찔끔거리면서 그런 말을 주고받고 있는데 문이 열리며 민기 처가 들어왔던 것이다.≪이정환, 샛강≫
- 비가 아주 조금씩 자꾸 내렸다 그쳤다 하다. '질금거리다'보다 센 느낌을 준다.
- 보름여나 찔끔거리던 장맛비가 드디어 무슨 끝장이라도 낼 것처럼 억수로 내리부은 간밤….≪전상국, 바람난 마을≫

—『…을』

- 물건 따위를 조금씩 자꾸 흘리다. '질금거리다'보다 센 느낌을 준다.
- 아이는 바닥에 과자를 찔끔거리면서 돌아다녔다.
- 물건이나 돈 따위를 조금씩 자꾸 쓰거나 여러 번 나누어서 주다. '질금거리다'보다 센 느낌을 준다.
- 아이들에게 과자를 찔끔거리며 나눠 주었더니 모두가 성이 차지 않는 눈치였다.

▶ 반복형

찔끔찔끔

▶ 반복형 예문

그렇게 찔끔찔끔 붓지 말고 한꺼번에 쏟아부어야 안 흘리지.

찰싹찰싹

_사전적 정의

- 액체가 자꾸 단단한 물체에 마구 부딪치는 소리.
- 작은 물체가 매우 끈지게 자꾸 부딪치거나 달라붙는 소리.
- 사람 사이의 관계가 뗄 수 없을 정도로 아주 긴밀하게 맺어진 모양.

▶ 예문

- 이물 쪽에서 물결이 갈라서는 찰싹찰싹 소리가 났다.≪박기동, 아버지의 바다에 은빛 고기 떼≫
- 뺨을 찰싹찰싹 때리다.
- 그들은 서로 무서움을 달래며 찰싹찰싹 붙어 앉았다.
- 달주는 복면한 수건에 콧김이 서려 물에 젖은 빨래처럼 코에 찰싹찰싹 달라붙었다.

≪송기숙, 녹두 장군≫

- 그들은 찰싹찰싹 붙어 다닌다.

▶ 파생어

찰싹찰싹하다. [---싸카-]

[동사]『(…을)』

- 물 때면 축대 바로 밑에서 찰싹찰싹하는 소리가 들렸다.
- 파도가 뱃전을 찰싹찰싹한다.
- 사람들은 물에 흠씬 젖어서 옷들이 하나같이 살에 찰싹찰싹했다.
- 다시 방 안에서는 찰싹찰싹하고 채찍 소리가 들려 나왔다.≪황순원, 카인의 후예≫
- 할머님이 계집애의 엉덩이를 때리는지 찰싹찰싹하는 소리가 났고....≪최인호, 처세술 개론≫

척척

_사전적 정의

- 시험 따위에 잇따라 어김없이 붙거나 예상이 그대로 맞아 떨어진 모양.
- 전혀 서슴지 않고 선뜻선뜻 행동하는 모양.
- 일이 거침없이 아주 잘되어 가는 모양.
- 질서 정연하게 조화를 이루어 행동하는 모양.
- 여럿이 다 몸가짐이나 태도가 천연덕스럽고 태연한 모양.
- [부사] 여럿이 다 느슨하게 휘어지거나 늘어진 모양.

▶ 예문

- 그는 아무리 어려운 시험이라도 척척 붙는다.
- 그 점쟁이가 미래를 척척 알아맞힌다는 소문은 거짓으로 판명되었다.
- 돈을 척척 내놓다.

- 묻는 말에 척척 대답하다.
- 모든 일이 척척 해결되다.
- 장단이 척척 맞아 떨어지다.
- 그들은 서로 말 한마디 건네지 않고도 손발이 척척 들어맞았다.
- 옆집 담장에는 노란 개나리가 척척 늘어져 있다.
- 수양버들의 고목나무 가지가 척척 늘어졌다.≪이기영, 봄≫

철렁

_ 사전적 정의

- 그득 찬 물 따위가 큰 물결을 이루며 넘칠 듯 흔들리는 소리. 또는 그 모양.
- 어떤 일에 놀라서 가슴이 설레는 모양.
- 큰 방울이나 얇은 쇠붙이 따위가 흔들리거나 부딪쳐 울리는 소리. '절렁'보다 거센 느낌을 준다.

▶ 예문

- 욕조의 물을 손으로 휘저으니 철렁 넘친다.
- 가슴이 철렁 내려앉다.
- 아이들이 장난으로 팡팡 쏘아 대는 화약총 소리에도 매번 가슴이 철렁 내려앉는 그들이었다.≪현기영, 순이 삼촌≫
- 감방의 자물쇠가 철렁 소리를 내며 잠겼다.

▶ **파생어**

철렁거리다.

[동사]

- 뱃전에서 철렁거리는 물소리가 흥취를 자아낸다.
- 어떤 일에 놀라서 가슴이 자꾸 설레다.
- 어머니께서 편찮으시다는 말을 들을 때마다 그는 가슴이 철렁거렸다.

철렁대다.

[동사]

- 절벽 밑에는 푸른 강물이 철렁대고 있다.
- 물결이 철렁대니 뱃놀이가 더욱 신이 난다.
- 갑작스러운 아버지의 죽음을 접한 그는 철렁대는 마음을 달래려는 듯 지그시 눈을 감았다.

철렁이다.

[동사]

- 실수로 물이 가득 든 양동이를 건드렸더니 철렁이며 물이 흘러넘쳤다.
- 어떤 일에 놀라서 가슴이 설레다.
- 사랑방에 온 손님이 누구인지를 짐작한 소녀의 가슴은 심하게 철렁이고 있었다.

철렁하다.

[Ⅰ][동사]

- 커다란 물 항아리에 돌멩이를 던져 넣자 물이 철렁하였다.
- 만지지 못할 곳에 손이나 댄 듯 계숙의 가슴은 철렁하였다.≪심훈, 영원의 미소≫
- 그녀는 우 대인이 압송된다는 말에 우선 가슴이 다시 철렁하게 내려앉았다.≪홍성

원, 육이오≫

- 얼마 전까지도 관아에서 대불이를 찾고 있었던지라 철렁하지 않을 수가 없었다.≪문순태, 타오르는 강≫

[II]**[형용사]** 『…에』 물 따위가 넘칠 듯 그득히 괴어 있다.

- 욕조에 물이 철렁하게 들어 있다.

촘촘히

_사전적 정의

- 틈이나 간격이 매우 좁거나 작게.

▶ 예문

- 머리칼은 억새풀같이 헝클어졌고, 살을 가린 옷은 촘촘히 기워 입었으나 여기저기 해어져 누더기 중에 상누더기였다.≪김원일, 불의 제전≫
- 찬찬히 보니 병사들이 어깨를 맞대듯이 촘촘히 늘어서서 총을 겨누고 있었다.≪송기숙, 녹두 장군≫
- 억센 가시를 가지마다 촘촘히 달고 있는 탱자나무는 그 생김과는 다른 전설을 가지고 있었다.≪조정래, 태백산맥≫

▶ **파생어**

촘촘하다.

[형용사]

- 땅굴은 양쪽으로 탄광의 갱도처럼 넓은 판자와 굵은 말뚝들이 촘촘하게 박혀 있었다. ≪홍성원, 육이오≫
- 참빗을 실로 가닥가닥 옭아 매어 더욱 촘촘해진 빗살에 묻어 나온 하얀 서캐를 손톱으로 눌러 죽이는 일에 열중하고 있는 혜정이를....≪박완서, 미망≫
- 보도블록이 촘촘하게 깔려 있는 길바닥은 아침 비로 젖은 채였다. ≪이동하, 도시의 늪≫

축

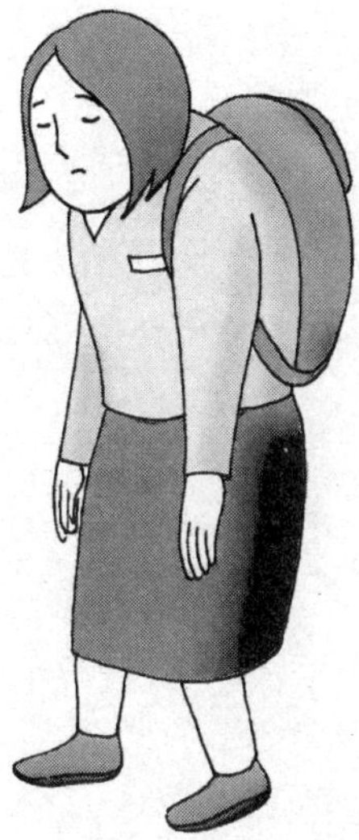

_사전적 정의

- 물건 따위가 아래로 늘어지거나 처진 모양.

▶ 예문

- 축 처진 어깨.
- 축 늘어진 양쪽 볼.
- 아이는 주머니가 축 처지도록 주머니에 구슬을 잔뜩 집어넣었다.

캄캄

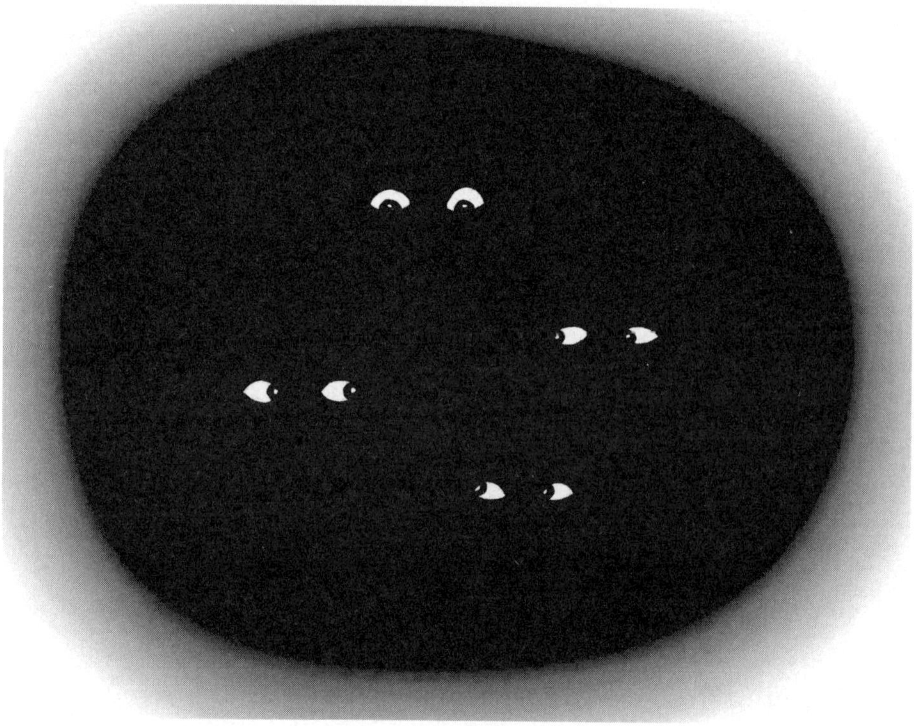

_사전적 정의

- 아주 까맣게 어두운 모양. '깜깜'보다 거센 느낌을 준다.
- 가슴을 두근거리며 그녀를 기다리고 있노라면 하늘은 캄캄 어두워 오고 나는 몇 번씩이나 절망하곤 했다.≪홍성암, 큰물로 가는 큰 고기≫
- 어떤 사실을 전혀 모르거나 잊은 모양. '깜깜'보다 거센 느낌을 준다.
- 그동안 캄캄 소식이 없더니 정말로 그가 돌아온 사실을 모르고 있었단 말이야?

▶ **예문**

캄캄하다.

[형용사]

- 어둠이 먹물처럼 캄캄하게 내려 덮어 그들은 코앞의 사람도 분간할 수가 없다.≪홍성원, 육이오≫
- 날은 완전히 저물어 캄캄하게 되어 버린다.≪박종화, 임진왜란≫
- 아직 먼동이 트이지 않았고 거기에다가 별빛조차 없는 캄캄한 밤이라서 껌벅이는 초롱불 한 개로는 얼굴은 그만두고 윤곽조차도 알아보기가 어려웠다.≪이무영, 농민≫
- 희망이 없는 상태에 있다. '깜깜하다'보다 거센 느낌을 준다.
- 앞일을 생각하니 캄캄하다.
- 남편이 하는 일이 아무리 옳고 그르다 한들 그 일로 철없는 자식들의 앞날이 캄캄하게 된다면 그것이 어찌 옳고 바른 일일 수 있는가.≪조정래, 태백산맥≫
- 모진 목숨 끊기는 쉽지 않아 캄캄하고 처참한 인생을 사는 것이다.≪한무숙, 어둠에 갇힌 불꽃들≫

—『…에』{'…에' 대신 '…에 대하여'가 쓰이기도 한다}

- 세상 물정에 캄캄한 사람
- 나는 언제나 일에 파묻혀 지냈기에 집안 사정에 대해서는 캄캄했다.

컹컹

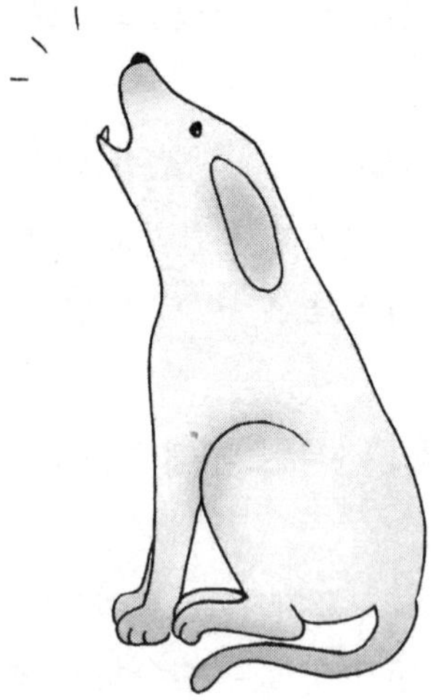

_사전적 정의

- 개가 크게 짖는 소리.

▶ 예문

- 개가 컹컹 짖다 .
- 우리가 마을 입구에 들어서자 개들이 컹컹 소리 내어 짖기 시작했다.

▶ 파생어

컹컹거리다.

[동사]개가 자꾸 크게 짖다.

• 먼 곳에서 개 짖는 소리가 컹컹거리고 날 뿐 밤은 끝없이 괴괴하고 조용하다.≪홍효민, 신라 통일≫

컹컹대다.

[동사]

• 그가 철제 대문을 열자 몇 발자국 앞에서 컹컹대며 개 짖는 소리가 들렸다.

컹컹하다.

쾅

_ 사전적 정의

- 무겁고 단단한 물체가 바닥에 떨어지거나 다른 물체와 부딪쳐 울리는 소리. '꽝'보다 거센 느낌을 준다.
- 총이나 대포를 쏘거나 폭발물이 터져서 울리는 소리. '꽝'보다 거센 느낌을 준다.

▶ 예문

- 벽에 쾅 부딪치다.
- 가방을 바닥에 쾅 내던지다.
- 그 친구는 화가 나서 씩씩거리다가 문을 쾅 닫고 나갔다.

- 소장이 마룻바닥을 쾅 구르며 그들에게 손가락질을 했다.≪황석영, 객지≫
- 그는 어디 한번 알아서 해 보라는 듯 창문을 쾅 닫아 버리고 다시 어디론가 사라져 가 버렸다.≪이청준, 살아 있는 늪≫
- 대포 소리가 쾅 울렸다.

▶ 반복형

쾅쾅

▶ 반복형 예문

누가 대문을 쾅쾅 발로 차느냐?

쿡

사전적 정의

• 크게 또는 깊이 찌르거나 박거나 찍는 모양.

• 웃음이나 기침 따위가 갑자기 나는 소리. 또는 그 모양.

• 감정이나 감각을 세게 자극하는 모양.

▶ 예문

• 칼로 쿡 찌르다.

• 주먹으로 머리를 쿡 쥐어박았다.

• 삽은 적병의 턱 바로 밑에, 흙 속에 박히듯 소리 없이 쿡 박혔다.≪홍성원, 육이오≫

• 그들은 서로 바라보다가 쿡 웃어 버렸다.

- 식초 냄새가 코를 쿡 쏘았다.
- 그녀의 변명을 들으니 울화가 쿡 치밀었다.
- 바깥 뜰로 나오자 약 달이는 냄새가 쿡 코를 찌르는 것 같았다.≪이무영, 농민≫

▶ 반복형

쿡쿡

▶ 반복형 예문

누군가가 내 옆구리를 손가락으로 쿡쿡 찔렀다.

쿵쿵

_사전적 정의

- 크고 무거운 물건이 잇따라 바닥이나 물체 위에 떨어지거나 부딪쳐 나는 소리. '꿍꿍'보다 거센 느낌을 준다.
- 멀리서 포탄 따위가 잇따라 터져 나는 소리. '꿍꿍'보다 거센 느낌을 준다.
- 큰 북이나 장구 따위가 잇따라 울리는 매우 깊은 소리. '꿍꿍'보다 거센 느낌을 준다.
- 심리적으로 충격을 받아서 가슴이 자꾸 세차게 뛰는 모양.

▶ 예문

- 바닥을 발로 쿵쿵 구르다.
- 우체부가 대문을 쿵쿵 두드렸다.

• 밤 23시. 멀리서 쿵쿵 포 소리만 들려올 뿐 마을은 침울한 달빛 속에 죽은 듯이 고요하다.
• 그 소년은 북을 쿵쿵 쳤다.
• 쿵쿵 울리는 심장.
• 그는 그의 놀란 심장이 쿵쿵 뛰는 소리를 들었다.

▶ **파생어**

쿵쿵거리다.

[동사]

• 잠이 깼을 때는 차는 쿵쿵거리면서 달리고 있었다.
• 누군가 복도를 쿵쿵거리며 이쪽으로 다가오고 있었다.
• 멀리서 포탄 따위가 잇따라 터지는 소리가 나다. 또는 그런 소리를 내다. '꿍꿍거리다'보다 거센 느낌을 준다.
• 화승총 소리가 한바탕 쿵쿵거리더니 이내 조용해졌다.≪문순태, 타오르는 강≫
• 전쟁은 끝났지만 가끔씩 대포를 쿵쿵거리는 소리가 들리곤 했다.
• 큰 북이나 장구 따위의 매우 깊은 소리가 잇따라 나다. 또는 그런 소리를 내다. '꿍꿍거리다'보다 거센 느낌을 준다. 심리적으로 충격을 받아서 가슴이 세차게 자꾸 뛰다.
• 나는 가슴이 쿵쿵거려 더 이상 말을 할 수가 없었다.
• 내 가슴은 그녀를 보는 순간 쿵쿵거리며 뛰고 있었다.≪김용성, 도둑 일기≫

쿵쿵대다.

[동사]

• 여인이 어느 틈에 방문을 열고 잽싼 걸음으로 쿵쿵대며 달려간다.≪홍성원, 육이오≫
• 하루 종일 쿵쿵대던 공사 소리는 오후가 되자 좀 뜸해졌다.
• 그녀를 보자 가슴이 쿵쿵대기 시작했다.

쿵쿵이다.

[동사]

- 멀리서 포탄 따위가 세게 터지는 소리가 나다. 또는 그런 소리를 내다.
- 큰 북이나 장구 따위의 매우 깊은 소리가 나다. 또는 그런 소리를 내다. 심리적으로 충격을 받아 가슴이 세차게 뛰다.

쿵쿵

_ 사전적 정의

- 콧구멍으로 숨을 세차게 띄엄띄엄 내쉬는 소리.

▶ 예문

- 팔기는 뭔가 낭패한 듯한 표정으로 킁킁 애매한 콧소리를 냈다.
- 장쇠는 논바닥의 흙을 한 움큼 집어 들고 킁킁 모를 벌름거리며 냄새를 맡아본다.

▶ 파생어

킁킁거리다.

[동사]『…을』 콧구멍으로 숨을 세차게 띄엄띄엄 내쉬는 소리를 자꾸 내다.

- 담배쌈지를 건네주고 난 명환이는 코를 킁킁거리며 남 서방을 내려다보았다.≪한수산, 유민≫
- 조랑말은 마부로부터 채찍을 얻어맞고 있는 중이었는데, 자꾸 고개를 뒤채이면서 절망적으로 킁킁거렸다.≪박태순, 무너지는 산≫

킁킁대다.

[동사]『…을』

- 코를 킁킁대며 냄새를 맡다.
- 그런 놀이를 하다가 집에 들어가면 할머니는 코를 킁킁대며 나를 구박했다.≪박완서, 도시의 흉년≫
- 신병이 다시 동료 병사를 돌아보며 눈살을 찌푸린 채 코를 세차게 킁킁대었다.≪홍성원, 육이오≫

킁킁하다.

[동사]『…을』

- 그 노인은 자꾸 코를 킁킁하며 침을 뱉곤 했다.

킥킥

_ 사전적 정의

• 나오려는 웃음을 참을 수 없어 잇따라 터져 나오는 웃음소리.

▶ 예문

• 목책으로 얼기설기 담을 쌓아 놓은 집 안에서 칫솔을 물고 있던 소녀는 나를 보더니, 천진스럽게 킥킥 웃었다.≪최인호, 미개인≫

▶ 파생어

킥킥거리다. [--꺼--]

[동사] 나오려는 웃음을 참을 수 없어 터져 나오는 웃음소리를 잇따라 내다.

• 우리 주위에 있던 계집애들이 광대의 노래를 듣고 킥킥거리고 웃어 댔는데, 아마 녀석의 제멋대로 높이고 낮추는 음정 때문인 모양이었다.≪김원일, 어둠의 축제≫

[동사]

• 여자는 가져온 보퉁이를 탁자 위에 올려놓았고 뒷전에서 킥킥대는 소리가 들렸다. 주보 안의 기간 사병들인 듯한 병사들이 낄낄거리면서 놀려 댔다.≪황석영, 몰개월의 새≫

킥킥하다. [-키카-]

[동사]

• 벌거벗고 도망질을 치는 광경을 연상함인지, 몇이 킥킥하고 소리를 죽여 웃습니다. ≪채만식, 태평천하≫

타박타박

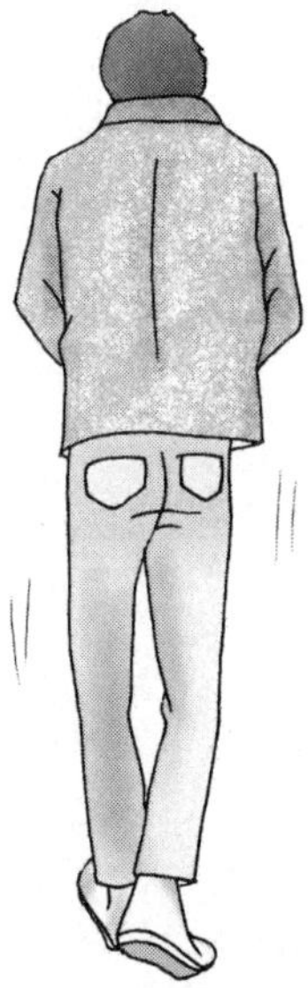

_ 사전적 정의

- 힘없는 걸음으로 조금 느릿느릿 걸어가는 모양.

▶ 예문

- 제정신이 돌아온 아치골댁은 손등으로 눈물을 훔치며 대문께로 타박타박 걸어 나갔다.
- 기품이 있고 정숙해 보이는 여자가 피로한 걸음으로 타박타박 길을 걷고 있다가 길 아래 개천으로 내려섰다.
- 낯설고 긴 길을 두려워서 울지도 못하고 한없이 타박타박 걷던 기억이 난다.

▶ **파생어**

타박타박하다. [---바카-]

[동사]

• 늙은 차부는 벌써 숨이 차서 허연 입김을 헉헉 내뿜더니…고만 뛰지를 못하고 타박타박한다.≪유진오, 가을≫

탁

_사전적 정의

- 갑자기 세게 치거나 부딪거나 차거나 넘어지는 소리. 또는 그 모양.
- 조여 있던 것이나 긴장 따위가 갑자기 풀리거나 끊어지는 소리. 또는 그 모양.
- 막힌 것이 없이 시원스러운 모양.
- 갑자기 몹시 막히는 모양.
- 침을 세게 뱉는 소리. 또는 그 모양.

▶ **예문**

- 좋은 생각이 난 듯 무릎을 탁 쳤다.
- 잘 가라는 인사도 없이 시권이는 방 안으로 들어가서 문을 탁 닫아 버렸다.≪윤흥

길, 완장≫

- 맥이 탁 풀리다.
- 잡았던 손을 탁 놓았다.
- 탁 하는 소리와 함께 줄이 끊어졌다.
- 순간 대불이는 정강마루에 힘이 탁 풀리면서 다리가 후들후들 떨렸다.≪문순태, 타오르는 강≫
- 고갯마루에 올라서자 탁 트인 벌판이 보였다.
- 숨이 탁 막히는 순간이었다.
- 계월향은 문으로 나가려는 나리를 탁 가로막아 섰다.≪박종화, 임진왜란≫
- 팔기는 손바닥에 가래침을 탁 뱉으며 발채 위에 얹힌 삽자루를 힘껏 잡는다.≪김춘복, 쌈짓골≫

▶ 반복형

탁탁

▶ 반복형 예문

신애는 무엇이든 시키는 대로 탁탁 해내는 것이 기특하다.

탕

_ 사전적 정의

- 작은 쇠붙이나 단단한 물건이 세게 부딪쳐 울리는 소리. '땅'보다 거센 느낌을 준다.
- 총을 쏘는 소리. '땅'보다 거센 느낌을 준다.

▶ 예문

- 철문을 탕 닫다.
- 용수철이 탕 튀다.
- 공이 골대를 맞고 탕 튀어 나갔다.
- 그는 성난 듯 술잔을 상 위에 탕 놓았다.
- 그는 손으로 책상을 탕 치고 벌떡 일어섰다.

• 총소리가 탕 나다.

▶ 반복형

탕탕

▶반복형 예문

화가 난 아이는 밥상 위를 손으로 탕탕 내리쳤다.

'탕탕'. 숲 속에서 사냥꾼들의 총소리가 났다.

터덜터덜

_사전적 정의

- 지치거나 느른하여 무거운 발걸음으로 힘없이 계속 걷는 소리. 또는 그 모양.
- 빈 수레 따위가 험한 길 위를 요란하게 지나가는 소리.
- 깨어진 질그릇 따위가 잇따라 둔탁하게 부딪치는 소리.

▶ 예문

- 터덜터덜 걸어가는 그의 뒷모습이 몹시 측은해 보였다.
- 그녀는 언덕을 실의에 빠져 터덜터덜 힘없이 걸어 내려간다.
- 달구지 하나가 먼지를 일으키며 터덜터덜 굴러 가고 있다.
- 접시가 깨졌는지 짐칸에서 터덜터덜 소리가 난다.

▶ **파생어**

<u>터덜터덜하다.</u>

[동사]

• 하루 종일 개울에서 멱을 감은 동네 아이들이 터덜터덜하며 동네 어귀에 들어섰다.

• 경운기 한 대가 터덜터덜하며 자갈길로 들어선다.

—『(…을)』

• 짐칸에 실은 장독들이 터덜터덜하지 않도록 조심해야 한다.

• 그는 뒤에 실은 접시를 터덜터덜하며 자전거를 거칠게 몰고 간다.

텅

_사전적 정의

- 큰 것이 속이 비어 아무것도 없는 모양.
- 큰 쇠붙이나 단단한 물건이 세게 부딪쳐 울리는 소리. '떵'보다 거센 느낌을 준다.

▶ 예문

- 그 마을은 텅 비어 있었다.
- 가을걷이가 끝난 들판은 텅 비어 있었다.
- 이런 생각에 잠길 때마다, 신봉이는 갑자기 가슴속이 텅 빈 것 같은 허전함을 깨닫곤 했다.≪서기원, 조선 백자 마리아 상≫

• 그가 던진 목침은 벽을 텅 맞고 떨어졌다.
• 일꾼은 쇠망치를 땅에 텅 내려놓았다.

▶ 반복형

텅텅

▶ 반복형 예문

뜨거운 햇살이 내리쬐는 한낮에는 길거리가 텅텅 빈다.

톡

_사전적 정의

- 작은 것이 갑자기 튀거나 터지는 소리. 또는 그 모양.
- 작은 것이 갑자기 떨어지는 소리. 또는 그 모양.
- 말을 야멸치게 쏘아붙이는 모양.
- 작은 것이 갑자기 발에 걸리거나 차이는 소리. 또는 그 모양.
- 가볍게 살짝 치거나 건드리는 소리. 또는 그 모양.
- 아주 가볍게 털거나 튀기는 소리. 또는 그 모양.
- 새 따위가 부리로 가볍게 쪼는 소리. 또는 그 모양.
- 갑자기 가볍게 부러지거나 끊어지는 소리. 또는 그 모양.
- 어느 한 부분이 쏙 볼가져 나온 모양.
- 갑자기 혀끝이나 코 따위에 자극을 받는 느낌.

▶ 예문

- 톡 터질 듯 익은 포도 알.
- 윤은 식구들 사이에 끼여 앉아 잠자코 밥을 먹기 시작했는데, 웬일인지 눈물이 한 방울 상 위에 톡 떨어졌다.≪이동하, 우울한 귀향≫
- 봉추댁이 독 오른 고추처럼 톡 쏘고는 빈 물동이를 들고…대문께로 걸었다.≪김원일, 불의 제전≫
- 옛날같이 톡 쏘는 말투는 아니었다.≪박경리, 토지≫
- 돌부리에 톡 차이다.
- 어깨를 톡 치다.
- 톡, 톡, 톡! 하루도 빼지 않고 새벽마다 털어 대는 시아버지의 담뱃대 소리에 옥심이는 깜짝 잠이 깨었다.≪김정한, 옥심이≫
- 빠져나갈 사람은 다 빠져나가면서 다리를 톡 끊어 놨으니, 옴치고 뛸 수 없는 독 안에 든 쥔데!≪염상섭, 취우≫
- 아이는 아비를 닮아서인지 이마만 톡 튀어나왔다.
- 배가 앞으로만 톡 불거진 게 또 딸이다 싶어….≪박완서, 도시의 흉년≫
- 톡 쏘는 청량음료.

▶ 반복형

톡톡

▶ 반복형 예문

석류 알갱이들은 입 안에서 톡톡 터지는 맛이 있다.

툭

_사전적 정의

- 갑자기 튀거나 터지는 소리. 또는 그 모양.
- 갑자기 떨어지는 소리. 또는 그 모양.
- 말을 퉁명스럽게 쏘아붙이는 모양.
- 갑자기 발에 걸리거나 차이는 소리. 또는 그 모양.
- 가볍게 슬쩍 치거나 건드리는 소리. 또는 그 모양.
- 가볍게 털거나 튀기는 소리. 또는 그 모양.

- 갑자기 부러지거나 끊어지는 소리. 또는 그 모양.
- 어느 한 부분이 쑥 불거져 나온 모양.
- 환하게 트이거나 숨김없이 터놓는 모양.

▶ **예문**

- 주머니가 툭 터지다.
- 답답하고 우울해서 견딜 수 없던 가슴속이 봇물 터지듯 툭 터지고 있었다.≪하근찬, 야호≫
- 장대를 갖다대자마자 감이 툭 떨어졌다.
- 맥이 풀려 손에 들었던 낫이 발등 아래로 툭 떨어졌다.≪박종화, 전야≫
- 툭 쏘아 대다.
- 김확실이는 지루해서 미치겠는지 툭 내쏘며 밖으로 나갔다.≪송기숙, 녹두 장군≫
- 돌부리에 툭 걸려 넘어지다.
- 어깨를 툭 치다.
- 윤 여사가 열렬하게 박수를 치면서 팔꿈치로 현을 툭 건드렸다.≪박완서, 오만과 몽상≫
- 홍선은 오른손을 들어서 무릎을 한 번 툭 치며 그가 즐겨서 부르는 시조 한마디를 읊기 시작하였다.≪김동인, 운현궁의 봄≫
- 아이는 길바닥에 넘어졌지만 금방 툭 털고 일어났다.
- 막대기가 툭 부러지다.
- 고무줄 끈이 툭 끊어지는가 싶더니 얇은 천이 찢어지는 소리가 났다.≪홍성암, 큰 물로 가는 큰 고기≫
- 이마가 툭 불거지다.
- 광대뼈가 툭 불거지다.
- 툭 트인 공간.
- 툭 터놓고 이야기하다.
- 에라 모르겠다 하고 익삼 씨는 찾아온 용건을 툭 털어놓기로 작정했다.≪윤흥길, 완장≫

▶ **반복형**

툭툭

▶ **반복형 예문**

어깨에 쌓인 눈을 손으로 툭툭 털어내고 집으로 들어갔습니다.

퉁퉁

_사전적 정의

- 큰 북이나 속이 빈 나무통 따위를 잇따라 두드려 울리는 소리.
- 발로 탄탄한 곳을 자꾸 세게 굴러 울리는 소리.
- 대포 따위를 잇따라 쏘아 울리는 소리.
- 큰 물방울이나 덩이 따위가 잇따라 떨어지는 소리.
- 탄력 있는 물건이 잇따라 조금 무겁게 튀는 소리. 또는 그 모양.
- 큰 발동기 따위가 울리는 소리.
- 살이 쪄서 몸이 옆으로 퍼진 모양. '뚱뚱'보다 거센 느낌을 준다.
- 신체나 물체의 한 부분이 붓거나 부풀어서 도드라져 있는 모양. '뚱뚱'보다 거센 느낌을 준다.

▶ 예문

- 그는 이미 양껏 먹었다는 듯 자기 배를 퉁퉁 두들겨 보였다.
- 아이들은 큰 젓가락 같은 막대기로 퉁퉁 치는 북은 안중에도 없는지 바이올린만 넋 놓아 보고 있었다.≪김원일, 노을≫
- 마룻바닥을 퉁퉁 울려 대다.
- 멀리서 퉁퉁 포 쏘는 소리가 들린다.
- 빗방울이 얼마나 굵은지 퉁퉁 떨어진다.
- 공을 퉁퉁 튀기다.
- 건물 안에서는 퉁퉁 소리를 내며 발동기가 돌아가고 있었다.
- 너 요새 갑자기 살이 퉁퉁 찌는 이유가 뭐야?
- 회사를 그만두고 집에 들어앉으니 살이 퉁퉁 올랐다.
- 얼마나 울었는지 눈이 퉁퉁 부었다.
- 맞은 자리가 퉁퉁 부어올랐다.
- 물집이 잡혀 퉁퉁 부은 발은 이제 한 발짝도 내디딜 수 없을 것 같았다.≪홍성원, 육이오≫
- 머리칼도 옷도 몸뚱이도 신발도 물에 퉁퉁 불어 있었다.≪유재용, 성역≫
- 산모의 퉁퉁 불은 젖에선 아기가 먹고 남은 젖이 넘쳐 치마허리를 적셨다.≪박완서, 도시의 흉년≫

▶ 파생어

퉁퉁하다.

[형용사]

- 퉁퉁한 몸매
- 퉁퉁한 얼굴
- 소매 밖으로 드러난 퉁퉁하고 건강한 팔뚝.
- 아버지 손에 퉁퉁한 과자 봉지가 하나 들려 있었다.
- 비에 옷들이 흠뻑 젖어 주머니 속의 담배도 퉁퉁하게 불어 있었다.

<u>퉁퉁거리다.</u>

[동사]

—『(…을)』

• 통을 두드리자 안이 비었는지 퉁퉁거리는 소리가 났다.

• 집 뒤쪽 골목에서 갑자기 퉁퉁거리는 발소리가 들려오기 시작했어요.≪이청준, 소문의 벽≫

• 발로 탄탄한 곳을 세게 굴러 울리는 소리가 자꾸 나다. 또는 그런 소리를 자꾸 내다.

• 대포 따위를 쏘아 울리는 소리가 잇따라 나다. 또는 그런 소리를 잇따라 내다.

• 삼십 톤밖에 안 되는 조그만 석유 발동선이 항구 밖으로 퉁퉁거리고 나가자 풍랑이 일어 좌우로 갸우뚱거린다.≪심훈, 영원의 미소≫

• 누군가가 호루라기를 불자 배는 퉁퉁거리며 만(灣)을 빠져나갔다.≪윤후명, 별보다 멀리≫

<u>퉁퉁대다.</u>

[동사]

—『(…을)』

• 밖에는 한 명의 보초병이 이따금 발이 시렸던지 발을 구르는 소리가 퉁퉁대며 정 중위가 쭈그리고 앉아 있는 땅을 울리고는 했다.≪김용성, 리빠똥 장군≫

• 기관실에 들어서자 발동기가 퉁퉁대는 소리에 아래윗니가 서로 마주치도록 온몸이 흔들렸다.

팍

_사전적 정의

- 갑자기 힘차게 내지르는 소리. 또는 그 모양.
- 갑자기 힘없이 거꾸러지는 소리. 또는 그 모양.
- 진흙 따위를 밟을 때 빠지는 소리. 또는 그 모양.

▶ 예문

- 팍 집어 던지다.
- 골대를 향해 공을 팍 차다.
- 사냥꾼은 창으로 사냥감을 팍 찔렀다.

• 기가 팍 질리다.
• 팍 주저앉다.
• 그녀는 고개를 무릎 사이로 팍 묻더니 흐느껴 울기 시작했다.
• 이번에 옆집 처녀의 콧대를 팍 꺾어서 고분고분하게 만들겠다.
• 종술이는 처음부터 풀기가 팍 꺾여 있었던 듯했다.≪윤흥길, 완장≫

▶ 파생어

팍하다. [파카-]

[동사]

• 화살이 과녁에 팍하고 꽂혔다.
• 그녀는 갑자기 팍하고 쓰러졌다.

▶ 반복형

팍팍

▶ 반복형 예문

꼬마는 팔씨름에서 이기려고 인상을 팍팍 쓰면서 안간힘을 다했다.

팔랑

_사전적 정의

- 바람에 가볍고 힘차게 나부끼는 모양.
- 나비나 나뭇잎 따위가 가볍게 날아다니는 모양.

▶ 예문

- 높게 걸린 깃발이 팔랑 나부끼다.
- 꽃잎에 앉았던 나비가 팔랑 날아간다.

▶ 파생어

팔랑거리다.

[동사]

- 깃발이 팔랑거리다.
- 꽃잎같이 팔랑거리는 분홍 치마 흰 저고리를 입은 기생이 하얀 손으로 입을 막으며 웃는 모습이 아름다웠다.≪박경리, 토지≫
- 시원한 해풍은 그의 명주 와이셔츠를 보기 좋게 팔랑거렸다.≪이광수, 흙≫
- 나비나 나뭇잎 따위가 가볍게 계속 날아다니다. 또는 그렇게 되게 하다.
- 바람에 나뭇잎이 팔랑거리며 떨어졌다.

팔랑대다.

[동사]

- 『(…을)』

  바람에 나뭇잎이 팔랑대다.
- 승리의 깃발을 팔랑대며 개선하는 장군.

팔랑이다.

[동사]

- 크고 작은 배들의 깃발이 색종이처럼 팔랑이고 있었다.
- 비바람이 만장을 팔랑이며 강을 건넜다.≪서기원, 조선 백자 마리아 상≫
- 나비나 나뭇잎 따위가 가볍게 날아다니다.

팔랑하다.

[동사]

- 『(…을)』

  강 포수가 뒷간 쪽으로 막 돌아가려 하는데 뭣이 팔랑하고 눈앞을 스친다.≪박경리, 토지≫

▶ 반복형

팔랑팔랑

▶ 반복형 예문

나비가 팔랑팔랑 날개짓을 한다.

펄럭펄럭

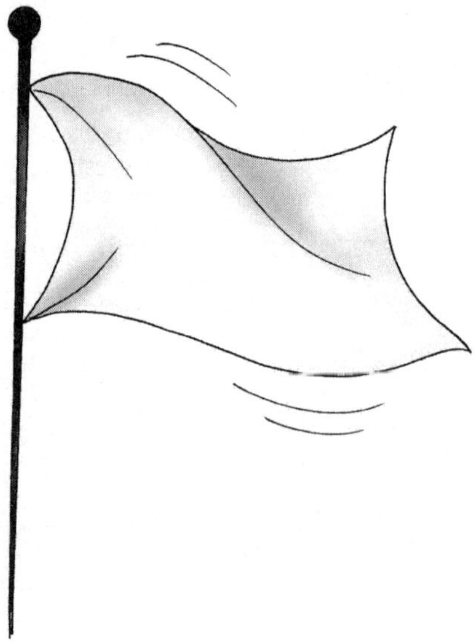

_사전적 정의

- 바람에 빠르고 힘차게 잇따라 나부끼는 소리. 또는 그 모양.
- 가스 따위에 불이 가볍게 옮겨 붙는 소리. 또는 그 모양.

▶ 예문

- 깃발이 펄럭펄럭 나부끼다.
- 책장을 펄럭펄럭 넘기다.
- 부채로 펄럭펄럭 부채질을 하다.
- 연이 펄럭펄럭 날고 있다.

▶ **파생어**

펄럭펄럭하다. [---러카-]

[동사]

• 『(…을)』

아들 녀석이 다 해진 바짓가랑이를 펄럭펄럭하며 현관으로 들어섰다.

펄쩍

_ 사전적 정의

- 문이나 뚜껑 따위를 급작스럽게 여는 모양.
- 갑자기 거볍고 힘 있게 뛰어오르거나 날아오르는 모양
- 갑자기 정신이 들거나 놀라는 모양.

▶ 예문

- 문을 펄쩍 열다.
- 뒤로 펄쩍 물러서다.

- 펄쩍 일어서다.
- 용수철처럼 펄쩍 뛰어오르다.
- 겁이 펄쩍 나다.
- 정신이 펄쩍 나다.
- 자다가 펄쩍 깨다
- 펄쩍 놀라다.

▶ 반복형

펄쩍펄쩍

▶ 반복형 예문

갓 잡힌 생선들이 제자리에서 펄쩍펄쩍 뛰었다.

펄펄

_사전적 정의

- 많은 물이 계속해서 몹시 끓는 모양.
- 몸이나 온돌방이 높은 열로 몹시 뜨거운 모양.
- 크고 힘차게 날거나 뛰는 모양.
- 먼지나 눈, 가루 따위가 바람에 세차게 날리는 모양.
- 불길이 세게 일어나는 모양.

▶ 예문

- 물이 펄펄 끓다.

- 몸이 펄펄 끓고 헛소리까지 한다.
- 방구들이 펄펄 끓어 앉아 있기가 어렵다.
- 나비들이 펄펄 날아든다.
- 낚아 올린 고기들이 펄펄 날뛰었다.
- 흰 눈이 펄펄 내리다.
- 머리카락이 펄펄 날리다.
- 깃발이 펄펄 나부낀다.
- 거리에는 길 먼지가 펄펄 날린다.
- 불이 펄펄 붙어 오르다.

펑

_사전적 정의

- 풍선이나 폭탄 따위가 갑자기 요란스럽게 터지는 소리. '뻥'보다 거센 느낌을 준다.
- 큰 구멍이 뚫리는 소리. 또는 그 모양. '뻥'보다 거센 느낌을 준다.
- 물건이 갑자기 크게 튀는 소리. 또는 그 모양.

▶ 예문

- 풍선이 펑 터지다.
- 폭죽이 펑 터지다.
- 창문에 구멍이 펑 뚫렸다.
- 폭격으로 펑 구멍이 뚫린 지붕 위에 차도록 맑은 달이 비껴 있었다.≪한무숙, 돌≫

▶ 반복형

평평

▶ 반복형 예문

합격했다는 소식을 듣자마자 세희는 기쁨의 눈물을 평평 쏟아냈다.

함박눈이 평평 내린다.

펑펑

_사전적 정의

- 액체 따위가 약간 넓은 구멍으로 세차게 쏟아져 나오는 소리. 또는 그 모양.
- 눈이나 물 따위가 세차게 많이 쏟아져 내리거나 솟는 모양.
- {주로 '쓰다'와 함께 쓰여} 돈이나 물 따위를 헤프게 마구 쓰는 모양.
- 거짓말이나 흰소리를 함부로 하는 모양.
- 풍선이나 폭탄 따위가 갑자기 잇따라 요란스럽게 터지는 소리. '뻥뻥'보다 거센 느낌을 준다.
- 큰 구멍이 잇따라 뚫리는 소리. 또는 그 모양. '뻥뻥'보다 거센 느낌을 준다.
- 크고 탄력 있는 물건을 잇따라 두드리는 소리. 또는 그 모양.
- 물건이 갑자기 잇따라 크게 튀는 소리. 또는 그 모양.

▶ **예문**

- 눈물을 펑펑 쏟다.
- 코피를 펑펑 흘리다.
- 수도꼭지에서 수돗물이 펑펑 나온다.
- 눈이 펑펑 내리다.
- 돈을 물 쓰듯 펑펑 쓰다.
- 흰소리만 펑펑 늘어놓다.
- 고무풍선이 펑펑 터지다.
- 폭죽을 펑펑 터뜨리다.
- 여기저기서 펑펑 샴페인 터트리는 소리가 난다.
- 전투는 눈이 짙게 쌓이자 양측에서 산발적으로 포만 펑펑 쏘아 대고 있다.≪홍성원, 육이오≫
- 구멍을 펑펑 뚫다.
- 막힌 하수구가 펑펑 뚫리다.
- 아이들은 조그만 쌀 알갱이들이 그 기계에만 들어갔다 나오면 펑펑 커져 나오는 것이 신기한 모양이었다.
- 팝콘 튀기는 소리가 펑펑 요란하다.

▶ **파생어**

펑펑거리다.

[동사]

- 액체 따위가 약간 넓은 구멍으로 세차게 쏟아져 나오는 소리가 잇따라 나다. 또는 그런 소리를 잇따라 내다.
- 돈이나 물 따위를 계속 헤프게 마구 쓰다.

폴짝폴짝

_ 사전적 정의

- 작은 문 따위를 갑작스레 자꾸 열거나 닫는 모양.
- 작은 것이 세차고 가볍게 자꾸 뛰어 오르는 모양.

▶ 예문

- 어쩌다 팔다리가 풀숲에 닿으면 작은 새끼 새우들이 폴짝폴짝 달아났다.
- 아이가 땅바닥에 양팔을 짚고 개구리처럼 폴짝폴짝 뛰기 시작했다.

▶ **파생어**

폴짝폴짝하다. 〔---짜카-〕

[동사]

- 아이는 너무 기뻐하며 아버지의 팔에 매달려 폴짝폴짝하였다.

푹

_사전적 정의

- 잠이 푸근하게 깊이 들거나 곤한 몸을 매우 흡족하게 쉬는 모양.
- 힘 있게 깊이 찌르거나 쑤시는 모양.
- 안의 것이 드러나지 아니하도록 빈틈없이 아주 잘 덮거나 싸는 모양.
- 흠씬 익도록 삶거나 고거나 끓이는 모양.
- 아주 심하게 썩거나 삭거나 젖은 모양.
- 깊고 뚜렷이 팬 모양.
- 아주 깊이 빠지거나 잠기는 모양.
- 힘없이 단번에 쓰러지는 모양.
- 삽이나 숟가락 따위로 물건을 아주 많이 떠내는 모양.
- 고개를 아주 깊이 숙이는 모양.

- 연기나 가루 따위가 세게 쏟아져 나오는 소리. 또는 그 모양.
- 힘, 능력, 분량 따위가 별안간 많이 줄어든 모양.
- 가루나 먼지 따위가 꽤 많이 덮인 모양.

▶ 예문

- 잠이 푹 들다.
- 휴일에 푹 쉬었더니 몸이 개운하다.
- 칼로 푹 찌르다.
- 아기를 이불로 푹 싸다.
- 푹 삶은 고기.
- 사골은 푹 고아야 제 맛이 난다.
- 과일이 푹 썩다.
- 비에 옷이 푹 젖었다.
- 몸살을 앓고 눈이 푹 꺼졌다.
- 밤새 내린 소나기에 구덩이가 푹 패었다.
- 수박을 우물에 푹 담그다.
- 나는 그 여자한테 푹 빠졌다.
- 나는 요즈음 일에 푹 빠져 산다.
- 장난으로 배를 한 번 친 것이 잘못 맞았는지, 친구는 푹 쓰러지고 말았다.
- 숟가락으로 몇 번 푹 떠서 먹으니, 아이스크림 통이 금방 바닥을 보였다.
- 고개를 푹 숙이고 걷다.
- 담배 연기를 푹 내뿜다.
- 한숨을 푹 내쉬다.
- 밀가루를 그릇에 푹 쏟았더니 하얀 가루가 날렸다.
- 사기가 푹 떨어지다.
- 식솔이 늘어서 남은 쌀이 푹 줄었다.
- 얼마나 청소를 안 했는지, 방에 먼지가 푹 쌓여서 발자국이 날 정도이다.

풍덩

_사전적 정의

• 크고 무거운 물건이 깊은 물에 떨어지거나 빠질 때 무겁게 한 번 나는 소리.

▶ 예문

• 동네 아이들은 점심을 먹자마자 동네 앞 개울물로 풍덩 들어가 자맥질을 하곤 했다.
• 선창 끝에서 뛰놀던 놈 하나가 바다로 풍덩 빠져 버렸다.≪송기숙, 암태도≫
• 아이들의 맹꽁이처럼 부른 배 위로 참외 국물이 줄줄 흘러, 그 위로 파리가 성가시게 엉겨 붙으면 개울로 풍덩 뛰어들면 그만이었다.≪박완서, 그 많던 싱아는 누가 다 먹었을까≫

▶ 파생어

<u>풍덩거리다.</u>

[동사]『(…을)』 크고 무거운 물건이 깊은 물에 떨어지거나 빠질 때 무겁게 나는 소리가 자꾸 나다. 또는 그런 소리를 자꾸 내다.

- 풍덩거리며 개울에서 뛰노는 아이들.
- 집에 가까워지자 그는 바지를 걷고 발을 풍덩거리며 개울을 건너 뛰어간다.

<u>풍덩대다.</u>

[동사]『(…을)』

- 물장구를 치며 풍덩대다.
- 아이들이 물을 풍덩대며 장난을 친다.

▶ 반복형

풍덩풍덩

▶ 반복형 예문

아이들은 신이 나서 풍덩풍덩 물 속으로 뛰어들었다.

허겁지겁

_사전적 정의

• 조급한 마음으로 몹시 허둥거리는 모양.

▶ 예문

• 허겁지겁 달려오다.
• 허겁지겁 도망치다.
• 허겁지겁 뛰어들다.
• 나그네는 배가 고픈 듯 시래깃국을 허겁지겁 퍼먹었다.
• 나는 까맣게 잊고 있었던 일을 방금 찾아낸 사람처럼 허겁지겁 바지 뒷주머니를 뒤적였고, 봉투를 끄집어냈다.≪김원우, 짐승의 시간≫

▶ **파생어**

허겁지겁하다. [--찌거파-]

[동사]

- 그녀는 자신이 너무 먹는 데에만 허겁지겁한 것 같아 민망해졌다.
- 그동안은 너무나 바쁘고 들떠 있어서 그저 모든 서류를 구비하고 그 서류가 제대로 돌아가고 있는지에 허겁지겁한 나머지 이 땅을 떠난다는 감상 따위에 젖어 들 틈이 없었던 것이다.≪김민숙, 이민선≫

허둥

_사전적 정의

- 어찌 할 줄을 몰라 갈팡질팡하며 다급하게 서두르는 모양

▶ 예문

- 다급한 마음에 허둥허둥 옷을 주워 입었다.
- 대공을 이루리란 불같은 정열에 앞뒤를 헤아리지 않고 허둥허둥 길을 떠난 것이 몹시 후회되었다.≪현진건, 무영탑≫

▶ 파생어

<u>허둥거리다.</u>

[동사] 어찌 할 줄을 몰라 갈팡질팡하며 다급하게 서두르다.

- 허둥거리는 발걸음.
- 빠져나오려고 허둥거리다.
- 나는 작별 인사도 잊어버리고 허둥거리며 댓돌 위에서 신을 찾아 신고 마당을 가로질러 대문을 빠져나왔다.≪백도기, 청동의 뱀≫
- 다시 몰려든 부녀자들이 자기들을 흥미롭게 바라보고 있음을 의식한 그들은 어쩔 줄을 모르며 허둥거렸다.≪이문열, 황제를 위하여≫

<u>허둥대다.</u>

[동사]

- 갈피를 잡지 못하고 허둥대다.
- 늦어서 허둥대느라 지갑을 집에 두고 나왔다.
- 형사계 경력이 짧다고는 하지만 별것 아닌 주임의 물음에 까닭 없이 허둥대거나 어색해하는 품이 남 경사의 눈에 예사롭지 않게 비친 것이었다.≪이문열, 사람의 아들≫

▶ 반복형

허둥허둥

허둥지둥

_ 사전적 정의

- 정신을 차릴 수 없을 만큼 갈팡질팡하며 다급하게 서두르는 모양.

▶ 예문

- 허둥지둥 달아나다.
- 시험 시간이 모자라 허둥지둥 아무 답에나 표시를 하고 나왔다.
- 늦잠을 잔 철수는 밥도 먹지 않고 허둥지둥 책가방을 들고 학교로 뛰어간다.

▶ 파생어

허둥지둥하다.

[동사]

• 밖에서는 늦은 저녁을 짓느라고 허둥지둥하는 천석 어미의 발자국 소리, 장독 뚜껑 여닫는 소리, 물 푸는 소리가 들려왔다.≪박경리, 토지≫

허우적

_ 사전적 정의

[동사]

- 손발 따위를 자꾸 이리저리 마구 내두르다.
- 어려운 지경에서 벗어나려고 자꾸 몹시 애쓰다.

▶ 예문

- 팔다리를 허우적거리다.
- 물에 빠져 허우적거리다.

• 『…에서』『…을』어려운 지경에서 벗어나려고 자꾸 몹시 애쓰다.

• 그가 말하는 대로 신문사가 오욕의 더미라면 나는 그 오욕의 더미 속에서 허우적거리는 한 마리의 곤충에 불과한 것이다.≪이병주, 행복어 사전≫

• 나는 그가 그 어지러운 정치판 속을 허우적거리는 모습이 무척 안타깝기도 하고 고소하기도 했다.

▶ **파생어**

허우적대다. [---때-]

[동사]

—『…을』

• 늪에 빠져 팔다리를 허우적대다.

• 김옥균은 홍종우의 아랫도리를 붙잡으려고 손을 허우적대다가 배에 또 한 방 탄환을 맞고는 나둥그러지고 말았다.≪유주현, 대한 제국≫

—『…에서』『…을』

• 아직도 그녀가 뒷골목 인생에서 허우적대는 것을 보니 마음이 너무 아팠다.

• 이제는 더 이상 범죄의 수렁 속을 허우적대지 않으리라 다짐했다.

허우적이다.

[동사]

—『…을』 손발 따위를 이리저리 마구 내두르다.

• 송 서방은 그 배를 잡으러 갈 듯이 허우적이며 좇아가려 하였다.≪박화성, 홍수 전후≫

• 입원한다는 것은 표본 상자 속의 메뚜기로 말하면 허공을 허우적이던 다리가 적어도 바닥에 닿은 것만 한 것은 되는 것이었다.≪장용학, 위사가 보이는 풍경≫

—『…에서』『…을』어려운 지경에서 벗어나려고 몹시 애쓰다.

• 허우적하다.

▶ 반복형

허우적허우적

▶ 반복형 예문

수영을 할 줄 몰랐던 나는 물 속에서 허우적허우적 하고만 있었다.

헉헉

_사전적 정의

- 몹시 놀라거나 숨이 차서 숨을 자꾸 몰아쉬는 소리. 또는 그 모양.
- 마음에 끌리는 일에 욕심이 나서 자꾸 덤비는 모양.
- 몹시 지쳐서 자꾸 물러서거나 주저앉거나 자빠지는 모양.

▶ 예문

- 헉헉 숨을 몰아쉬다.
- 달려왔더니 숨이 헉헉 막힌다.
- 헉헉 흐느끼는 것 같고 쥐어짜는 것 같은 숨소리가 들려온다.≪박경리, 토지≫

▶ 파생어

헉헉거리다. [허컥꺼--]

[동사]

—『…을』 몹시 놀라거나 숨이 차서 숨을 몰아쉬는 소리가 자꾸 나다. 또는 그런 소리를 자꾸 내다.

- 등산 초보자들이 가쁜 숨을 헉헉거리며 산을 오른다.
- 그는 제정신이 아닌 듯이 턱에 와 닿는 숨을 헉헉거리며 억억 비명 같은 소리를 내지르고 있었다.≪한수산, 유민≫

- 욕심이 나서 자꾸 덤비다.
- 몹시 지쳐서 자꾸 물러서거나 주저앉거나 자빠지다.

헉헉대다. [허컥때-]

[동사]

—『…을』

- 그들은 숨을 헉헉대며 고갯마루에 올랐다.
- 두 사람은 이윽고 숨들을 몰아쉬며 비탈길이 끝나는 높은 바위 위까지 헉헉대며 올라왔다.≪홍성원, 육이오≫

헉헉하다. [허커카-]

[동사]

—『…을』

- 그는 숨을 헉헉하면서 뛰어 들어왔다.
- 아버지는 숨이 가빠 헉헉하신다.

헐레벌떡

_사전적 정의

- 숨을 가쁘고 거칠게 몰아쉬는 모양.

▶ 예문

- 동생은 집으로 헐레벌떡 뛰어갔다.
- 그녀는 멀리서 누가 업혀 가기에 무슨 사고구나 싶어 헐레벌떡 달려온 듯 몹시 숨 가빠하고 있었다.≪이문구, 장한몽≫

▶ **파생어**

헐레벌떡거리다. [----꺼--]

[동사]『…을』 숨을 잇따라 가쁘고 거칠게 자꾸 몰아쉬다.

- 막 뛰어온 형은 아무 말 못하고 숨을 헐레벌떡거린다.
- 아이가 네모진 종이쪽지 한 장을 들고 헐레벌떡거리면서 뛰어 들어왔다.≪오상원, 모반≫

헐레벌떡대다. [----때-]

[동사]『…을』

헐레벌떡이다.

[동사]『…을』 숨을 잇따라 가쁘고 거칠게 몰아쉬다.

- 집으로 가는 길에 친구가 숨을 헐레벌떡이면서 좇아왔다.
- 버스 정류장에 서 있는데 어머니께서 헐레벌떡이면서 숨이 차서 좇아오셨다.
- 쇠득이 모친이 헐레벌떡이고 밭머리로 좇아왔을 때에는 벌써 꽤 많이 뜯어 먹었다.≪이기영, 고향≫

헐레벌떡하다. [---떠카-]

[동사]『…을』

- 사람들이 숨을 헐레벌떡하면서 달려왔다.
- 둘이 음악회장 입구에 헐레벌떡하고 다다랐을 때에는 우리 반 동무 열세 명은 벌써 와서 기다리고 섰다.≪김유정, 이런 음악회≫

홀랑홀랑

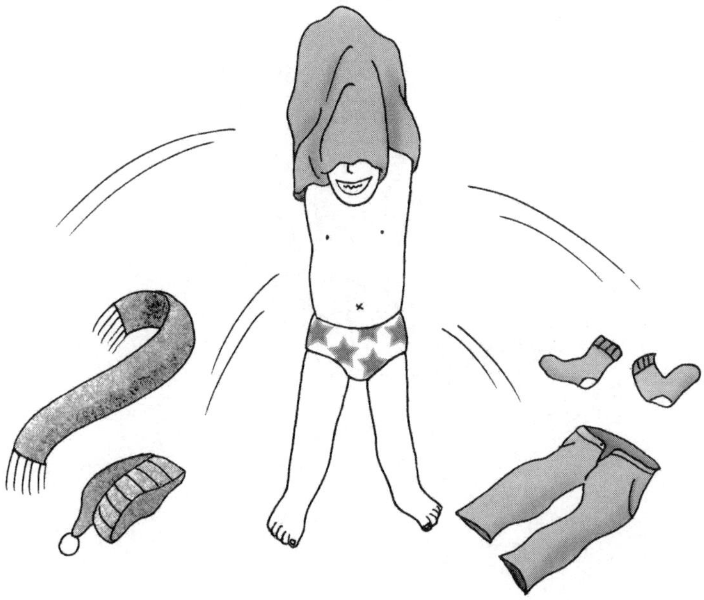

_ 사전적 정의

- 여럿이 다 또는 잇따라 속의 것이 한꺼번에 드러나도록 완전히 벗어지거나 뒤집히는 모양.
- 여럿이 다 또는 잇따라 조금 가지고 있던 돈이나 재산 따위가 다 없어지는 모양.

▶ 예문

- 옷을 홀랑홀랑 벗다.
- 그는 아버지가 남긴 유산을 홀랑홀랑 써 버렸다.

화끈

_사전적 정의

- 몸이나 쇠 따위가 뜨거운 기운을 받아 갑자기 달아오르는 모양.
- 홍분이나 긴장 따위가 고조되는 모양.

▶ 예문

- 불꽃이 화끈 오르다.
- 나는 부끄러움에 얼굴이 화끈 달아올랐다.
- 대화 분위기가 화끈 달아오르다.
- 요즈음 부동산 경기가 화끈 달아오르는 추세다.

▶ **파생어**

화끈거리다.

[동사]몸이나 쇠 따위가 뜨거운 기운을 받아 잇따라 달아오르다.

- 매운 고추를 먹었더니 입 안이 화끈거렸다.
- 내 실수임을 알고 얼굴이 화끈거려 고개를 들 수 없었다.
- 감기 기운인지 온몸이 자꾸 화끈거린다.
- 그를 보자 갑자기 가슴이 두근거리고 귀밑이 화끈거리는군.
- 수진은 두 홉들이 소주 한 병을 오징어 발 몇 개를 안주 삼아 들이켠 나머지라 속이 화끈거렸고 눈앞이 어질어질했다.≪한승원, 해일≫

화끈대다.

[동사]

- 삔 허리에 파스를 붙였더니 화끈댔다.
- 이렇게 온몸이 화끈대는 것을 보니 분명 그를 좋아하고 있나 보다.

화끈하다.

[Ⅰ]**[동사]**

- 얼굴이 화끈하는 느낌.
- 가스난로가 갑자기 화끈하면서 열기를 내뿜었다.
- 자신을 눈앞에 앉혀 놓고 모녀가 차례로 품평을 하는 것이 불쾌해서 얼굴이 화끈하고 달았다.≪심훈, 영원의 미소≫

[Ⅱ]**[형용사]**

- 그 자리에 앉아 있자니 낯이 화끈해서 혼났다.
- 서늘한 공주의 손길이 화끈한 왕의 열기를 받아들인다.≪박종화, 다정불심≫
- 거대한 절망이 전신을 휩싸더니 다음에는 무서운 분노가 화끈하게 소영을 사로잡

는다.≪홍성원, 육이오≫

- 일을 아주 시원스럽게 하는 맛이 있다.
- 화끈한 성질.
- 저 아가씨는 성격이 화끈해서 마음에 든다.
- 그분의 일 마무리는 너무나 화끈하다.
- 어제의 경기는 화끈한 공격력을 앞세운 우리 팀이 이겼다.

▶ 반복형

화끈화끈

▶ 반복형 예문

불에 데인 상처가 또 다시 화끈화끈 부어올랐다.

화들짝

_사전적 정의

- 별안간 호들갑스럽게 펄쩍 뛸 듯이 놀라는 모양.

▶ 예문

- 시어머니 인기척에 화들짝 놀라는 며느리.
- 아이는 천둥소리에 화들짝 놀라 쓰러졌다.

확

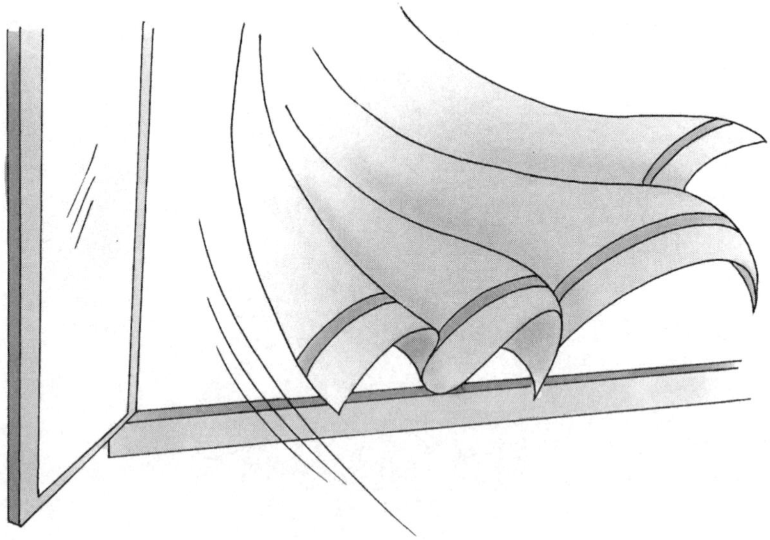

_사전적 정의

- 바람, 냄새 또는 어떤 기운 따위가 갑자기 세게 끼치는 모양.
- 불길이 갑자기 세게 일어나는 모양.
- 갑자기 달아오르는 모양.
- 일이 빠르고 힘차게 진행되는 모양.
- 매어 있거나 막혔던 것이 갑자기 풀리거나 시원스럽게 열리는 모양.

▶ 예문

- 소름이 확 끼치다.
- 더운 바람이 확 들어오다.
- 화장실 문을 열자 독한 악취가 확 풍겼다.

- 그의 얼굴에는 순간 성난 표정이 확 피어올랐다가 사라졌다.
- 불길이 확 타오르다.
- 마른 낙엽 더미에 성냥불을 대자 불이 확 피어올랐다.
- 부끄러움에 귀밑이 확 달아오르다.
- 술이 약한 나는 소주 한 잔에 얼굴이 확 달아올랐다.
- 박쥐 떼가 확 달려들다.
- 그는 성냥을 확 그었다.
- 갑자기 형사들이 노름판을 확 덮쳤다.
- 시야가 확 트이다.
- 마을 옆으로 고속도로가 확 뚫렸다.
- 그의 따뜻한 말 한마디에 꽁했던 마음이 확 풀어졌다.

▶ 반복형

확확

▶ 반복형 예문

가까이 다가가자 할아버지 입에서 술냄새가 확확 풍겨 나온다.
당황한 그녀는 자신의 얼굴이 확확 달아오르는 것을 느꼈다.

활짝

_사전적 정의

- 문 따위가 한껏 시원스럽게 열린 모양.
- 날개 따위를 시원스럽게 펼치는 모양.
- 넓고 멀리 시원스럽게 트인 모양.
- 꽃잎 따위가 한껏 핀 모양.
- 밥 따위가 한껏 퍼진 모양.
- 날이 맑게 개거나 환히 밝은 모양.
- 얼굴이 밝거나 가득히 웃음을 띤 모양.

▶ **예문**

- 문 따위가 한껏 시원스럽게 열린 모양.
- 날개 따위를 시원스럽게 펼치는 모양.
- 넓고 멀리 시원스럽게 트인 모양.
- 꽃잎 따위가 한껏 핀 모양.
- 밥 따위가 한껏 퍼진 모양.
- 날이 맑게 개거나 환히 밝은 모양.
- 얼굴이 밝거나 가득히 웃음을 띤 모양.
- 그녀는 창을 활짝 열어 놓았다.
- 문이 밖으로 활짝 열리면서 소년의 머리 하나가 마중이라도 하듯 불쑥 나타났다.≪홍성원, 육이오≫
- 독수리가 날개를 활짝 펼쳤다.
- 그녀는 어깨를 활짝 펴고 걷는다.
- 사내가 두 팔을 활짝 벌려 기지개를 켜면서 의자에 앉았다.≪김성동, 잔월≫
- 눈에 걸리적거리는 장애물 하나 없이 시계는 전면에 활짝 만개되어 있었다.≪윤흥길, 묵시의 바다≫
- 활짝 핀 진달래꽃.
- 앞뜰 큰 목련 나무는 잎이 돋아나기 전부터 꽃이 활짝 피기 시작했다.≪문순태, 타오르는 강≫
- 활짝 갠 하늘.
- 날씨가 활짝 개었다.
- 보름 동안 계속된 장마가 활짝 개긴 했으나 아직 강물이 줄지 않아 서울 가는 배가 없다는 것이었다.≪서기원, 조선 백자 마리아 상≫
- 활짝 웃는 소녀의 해맑은 얼굴.
- 좋은 봄날의 따스한 햇살 속에 활짝 웃음을 담고 있었다.≪최인호, 돌의 초상≫
- 명욱의 그 얘기는 구원이었다. 내 얼굴이 활짝 밝아진 모양이었다.≪이병주, 행복어 사전≫

활활

_ 사전적 정의

- 날짐승 따위가 높이 떠서 느릿느릿 날개를 치며 시원스럽게 나는 모양.
- 불길이 세고 시원스럽게 타오르는 모양.
- 부채 따위로 느릿느릿 시원스럽게 부치는 모양.
- 옷 따위를 시원스럽게 벗어 버리거나 벗기는 모양.
- 열기가 세게 오르는 모양.
- 시원스럽게 씻는 모양.

▶ 예문

- 솔개가 활활 날다.
- 나비는 활활 날아서 꽃 속에 파묻힌 삼천 궁녀 속으로 헤매어 춤을 추며 난다.≪박종화, 임진왜란≫
- 난로 속의 불꽃이 활활 타오르다.

- 왜적의 배에선 불이 활활 붙기 시작한다.≪박종화, 임진왜란≫
- 기다리다 못해 조바심이 난 고모부가 남방셔츠의 앞섶을 풀어 헤치고 부채를 활활 부쳐대며 마당 안으로 들어왔다.≪김용성, 도둑 일기≫
- 그는 옷을 활활 벗고 목욕탕으로 들어갔다.
- 얼굴이 활활 달아오르다.
- 활활 달아오르는 방바닥.
- 시원하게 활활 얼굴을 씻고 나니, 골치 쏘는 것은 좀 낫고 취기도 좀 깨었다.≪김동인, 운현궁의 봄≫

후끈

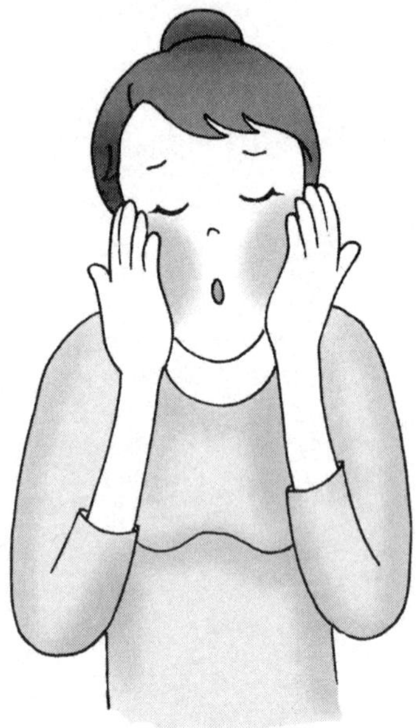

_사전적 정의

- 몸이나 쇠 따위가 뜨거운 기운을 받아서 갑자기 몹시 달아오르는 모양.
- 흥분이나 긴장 따위가 갑자기 아주 고조되는 모양.

▶ 예문

- 얼굴이 후끈 달아오르다.
- 말을 흐리며 그는 두 빰부터 후끈 붉혔다.
- 한참 뒤에 그건 땀이 아니고 눈물이라는 것을 알고서야 갑자기 목구멍에 후끈 불길이 치솟는 듯하였다.≪문순태, 타오르는 강≫

- 토론장은 그가 한 말로 갑자기 후끈 달아올랐다.

▶ **파생어**

후끈거리다.

[동사] 몸이나 쇠 따위가 뜨거운 기운을 받아 잇따라 몹시 달아오르다.

- 불에 덴 자리가 후끈거린다.
- 길녀의 얼굴도 후끈거리는 것 같았다. 길녀는 그저 열에 들뜬 채 그냥 고개만 흔들 뿐이다.≪정한숙, 고가≫
- 컴컴한 정글 속에서만 며칠이나 보내다가 오랜만에 태양을 보니 철모가 햇볕에 달아 후끈거렸어도 그 열기가 상쾌했다.≪안정효, 하얀 전쟁≫

후끈대다.

[동사]

- 열기로 후끈대는 긴장된 막사 안에 여름철의 저녁 땅거미가 어둑어둑 깔리기 시작한다.≪홍성원, 육이오≫

후끈하다.

[I]**[동사]**

후끈하는 열기.

[II]**[형용사]** 몸이나 쇠 따위가 뜨거운 기운을 받아 갑자기 몹시 달아오르는 느낌이 있다.

- 여름 바람이 후끈하다.
- 지열이 후끈하게 끼쳐 올라 얼굴들은 번들번들 붉게 익어 있었다.≪박영한, 머나먼 송바 강≫
- 화로에 꺼졌던 숯불이 발갛게 피어난 방 속같이, 온몸이 후끈해지는 것을 느꼈다.

≪심훈, 상록수≫

• 나뭇가지 사이로 쏟아진 햇살을 받은 풀들이 후끈한 더운 김을 뿜어내면서 고개를 흔들었다.≪한승원, 해일≫

▶ 반복형

후끈후끈

▶ 반복형 예문

바닥이 후끈후끈 아주 뜨겁다.

후드득

_사전적 정의

- 깨나 콩 따위를 볶을 때 크게 튀는 소리.
- 멀리서 총포나 딱총 따위가 매우 부산하게 터지는 소리.
- 나뭇가지나 검불 따위가 타들어 가는 소리.
- 굵은 빗방울 따위가 성기게 떨어지는 소리.

▶ 예문

- 불을 지피고 한참 뒤 솥 속에서 깨가 후드득 소리를 내며 튀기 시작했다.

• 여기저기서 장난감 화약 터지는 소리가 후드득 들려왔다.
• 장작불에서 후드득 불꽃이 튀어 올랐다.
• 차창으로 후드득 소리와 함께 빗방울이 부딪기 시작했다.
• 빗발이 후드득 다시 굵어지기 시작했다.≪김원일, 노을≫
• 나뭇잎에 맺혔던 빗물이 후드득 떨어져 내렸다.≪전상국, 바람난 마을≫
• 가슴이 후드득 뛰다.

▶ **파생어**

<u>후드득거리다.</u> [---꺼--]

• 깨나 콩 따위를 볶을 때 크게 튀는 소리가 잇따라 나다.
• 가마솥 속에서는 콩들이 후드득거리고 있었다.
• 멀리서 총포나 딱총 따위가 매우 부산하게 터지는 소리가 잇따라 나다.
• 설날 거리에서는 후드득거리는 딱총 소리가 심심치 않게 들려왔다.
• 나뭇가지나 검불 따위가 불똥을 튀기며 기세 좋게 타들어 가는 소리가 잇따라 나다.
• 후드득거리며 불꽃이 튀어 오르다.
• 굵은 빗방울 따위가 성기게 떨어지는 소리가 잇따라 나다.
• 양철 지붕 위로 빗방울들이 후드득거린다.
• 몹시 경망스럽게 자꾸 방정을 떨다.
• 왜 이리 안절부절 못하고 후드득거리며 돌아다니는 거냐?

<u>후드득대다.</u>

• 후드득대며 콩 튀는 소리.
• 후드득대는 따발총 소리.
• 장작불이 후드득대며 기세 좋게 타올랐다.
• 빗방울들이 후드득대는 소리.
• 후드득대며 날뛰는 아이들.

후드득하다.

[동사]

- 솥에서 후드득하는 소리와 함께 깨가 튀기 시작했다.
- 어디선가 후드득하는 총소리가 들려왔다.
- 꺼져 가는 모닥불이 후드득하면서 스러졌다.
- 위에서 후드득하며 물 떨어지는 소리가 들렸다.

▶ 반복형

후드득후드득

훌쩍

_ 사전적 정의

- 액체 따위를 남김없이 자꾸 들이마시는 소리. 또는 그 모양.
- 콧물을 자꾸 들이마시는 소리. 또는 그 모양.
- 콧물을 들이마시며 자꾸 흐느껴 우는 소리. 또는 그 모양.
- 여럿이 다 또는 잇따라 거볍게 뛰거나 날아오르는 모양.
- 여럿이 다 보통의 경우보다 훨씬 더 크거나 커진 모양.

▶ 예문

- 그는 식은 홍차를 훌쩍훌쩍 마셨다.
- 술을 훌쩍훌쩍 마셔 댔다.

• 엄마와 떨어진 아이가 훌쩍훌쩍 울기 시작한다.
• 철부지처럼 훌쩍훌쩍 울고 싶은 심정을 외면하듯 서희는 평사리를 외면하는 것이다.≪박경리, 토지≫
• 자객들이 높은 담장을 훌쩍훌쩍 뛰어넘는다.
• 앞에 선 장정들 모두 키가 훌쩍훌쩍 커서 나는 앞을 제대로 볼 수가 없었다.

▶ **파생어**

훌쩍거리다. [--꺼--]

[동사]

—『…을』
• 술만 훌쩍거릴 뿐 아무 말도 하지 않았다.
• 그는 도무지 식욕이 나지 않아 두어 번 김칫국만 훌쩍거리고 말았다.
• 콧물을 자꾸 들이마시다.
• 그는 눈물을 참지 못하고 콧물을 훌쩍거리며 울고 있었다.≪김용성, 도둑 일기≫
• 콧물을 들이마시며 자꾸 흐느껴 울다.
• 쌀분이는 남편을 만나 반가우면서도 갈댓잎처럼 바짝 여윈 얼굴을 보자 마음이 아파 자꾸만 훌쩍거렸다.≪문순태, 타오르는 강≫

훌쩍대다. [--때-]

[동사]

—『…을』
• 밥은 먹지도 않고 연방 국물만 훌쩍댄다.
• 사내는 그런 작은 일에 훌쩍대서는 안 된다.

훌쩍이다.

[동사]

—『…을』

- 급히 식당으로 갔더니 최 기사 혼자 커피를 훌쩍이고 있었고….≪박완서, 도시의 흉년≫
- 콧물을 들이마시다.
- 문을 따 주는 애는 열두어 살 됨직한 소녀였는데 감기에라도 걸렸는지 연방 코를 훌쩍이고 있었다.≪김원일, 어둠의 축제≫
- 콧물을 들이마시며 흐느껴 울다.
- 주인공이 죽는 장면에서 여기저기 훌쩍이는 소리가 났다.

훌쩍하다. [-쩌카-]

[Ⅰ][동사]『…을』

- 주문한 커피가 나오자 그는 기다렸다는 듯이 잔을 들어 한 번 훌쩍하더니 이내 자리에서 일어섰다.
- 눈물을 억지로 참으려는 듯 코를 순간 훌쩍하고는 이내 고개를 돌렸다.

[Ⅱ][형용사]

- 키가 훌쩍한 신사 한 분이 문을 열고 들어섰다.

▶ 반복형

훌쩍훌쩍

▶ 반복형 예문

혼자 남은 아이는 구석에서 훌쩍훌쩍 울기 시작했다.

코만 자꾸 훌쩍훌쩍 거리지 말고 얼른 병원에 가보세요.

훨훨

_사전적 정의

- 날짐승 따위가 높이 떠서 느릿느릿 날개를 치며 매우 시원스럽게 나는 모양.
- 불길이 세차고 매우 시원스럽게 타오르는 모양.
- 큰 부채 따위로 느릿느릿 매우 시원스럽게 부치는 모양.
- 옷 따위를 매우 시원스럽게 벗어 버리거나 벗기는 모양.
- 길 따위를 시원스럽게 홀가분한 기분으로 떠나는 모양.
- 가벼운 물건을 느릿느릿 시원스럽게 뿌리는 모양.

▶ 예문

- 학이 훨훨 날갯짓을 하며 하늘로 날아올랐다.
- 한 서린 벽을 하늘의 새들은 훨훨 넘나들고....
- 마른 나뭇가지에 불이 훨훨 붙는다.

- 고래 속에서 솔가지 불이 훨훨 소리를 내며 탄다. (출처 : 박경리, 토지- 참고예문)
- 부채로 연기를 훨훨 좇다.
- 한익은 효진 앞에 자전거를 세우고 땀투성이 얼굴에 맥고모자로 훨훨 부채질을 시작했다.
- 나는 하루라도 빨리 고향을 훨훨 떠날 수 있기만을 바라며 지내 왔었다.
- 그런데 그 건장한 미국인은 웬일인지 고아들을 향해, 연거푸 과자 따위를 닭 모이라도 주듯 훨훨 땅으로 뿌려 주고 있었다.

휙

_사전적 정의

- 갑자기 재빨리 움직이거나 스치는 모양.
- 바람이 갑자기 아주 세게 부는 소리. 또는 그 모양.
- 갑자기 아주 세게 던지거나 뿌리치는 모양.
- 일을 빨리 해치우는 모양.
- 조금 길고 힘 있게 휘파람 따위를 부는 소리. 또는 그 모양.

▶ 예문

- 앞서 걷던 동생은 자신을 부르는 소리에 휙 고개를 돌렸다.

- 박용태 선장은 홱 몸을 돌렸다. 그리고 선실로 뛰어갔다.≪홍성암, 큰물로 가는 큰 고기≫
- 뭔가 시커먼 것이 홱 스치는가 하더니 영규에게 달려들었다.≪황석영, 무기의 그늘≫
- 이전 운현궁에서 인호를 처음 잡을 때의 광경이 홱 머리에 지나갔다.≪김동인, 젊은 그들≫
- 찬바람이 홱 불다.
- 광선 한 줄기 들어오지 않는 속에서는 쌀쌀한 바람이 홱 끼칠 뿐이요, 아무것도 보이지 않았다.≪염상섭, 표본실의 청개구리≫
- 키 큰 사내는 길바닥에 담배꽁초를 홱 던진다.≪박경리, 토지≫
- 오 대위의 바른손이 홱 날아서 포대장의 얼굴을 정통으로 후려쳤다.≪홍성원, 육이오≫
- 청소를 홱 해치우다.
- 파랗게 언 입술에 손가락을 넣고 홱 휘파람을 불었다.≪이문희, 흑맥≫

▶ 반복형

홱홱

▶ 반복형 예문

내 옆으로는 차들이 홱홱 지나가고 있었다.

흘깃흘깃

_사전적 정의

- 가볍게 자꾸 흘겨보는 모양.

▶ 예문

- 흘깃흘깃 쳐다보다.

▶ 파생어

흘깃흘깃하다. [-기틀기타-]

[동사]『…을』

흠뻑

_사전적 정의

- 분량이 차고도 남도록 아주 넉넉하게.
- 물이 쭉 내배도록 몹시 젖은 모양.

▶ 예문

[부사]

- 정이 흠뻑 들다.

- 잠에 흠뻑 빠지다.
- 고국의 향취를 흠뻑 느끼고 싶다.
- 나는 무엇보다도 그가 시골 지주의 아들이어서 집에서 돈을 흠뻑 가져다가는 읽고 싶은 책을 한꺼번에 십여 권씩 사다가 쌓아 놓고 읽을 수 있는 것이 부러웠다.≪유진오, 구름 위의 만상≫
- 비를 흠뻑 맞다.
- 메마른 땅에 물이 흠뻑 고였다.
- 그의 몸은 흠뻑 땀에 젖었다.
- 붓에 먹물을 흠뻑 묻혔다.

▶ 반복형

흠뻑흠뻑

흠칫

_사전적 정의

• 몸을 움츠리며 갑작스럽게 놀라는 모양.

▶ 예문

• 흠칫 놀라다.

• 흠칫 몸이 움츠러들다.

• 누가 자기를 보고 있는 것 같아 그는 흠칫 뒤를 돌아보았다.

▶ **파생어**

흠칫거리다. [-칟꺼--]

[동사]『(…을)』 몸을 움츠리며 갑작스럽게 자꾸 놀라다.

- 가끔 몸이 심하게 흠칫거릴 정도의 불안감이 느껴지기도 한다.
- 그는 내가 전하는 말에 몸을 흠칫거리며 무척 놀라는 것 같았다.

흠칫대다. [-칟때-]

[동사]『(…을)』

흠칫하다. [-치타-]

[동사]『(…을)』

- 그는 갑작스러운 인기척에 흠칫하며 놀랐다.
- 정애는 놀란 듯이 몸을 흠칫하며 두 손으로 얼른 그 편지를 움켜쥐었다.≪현진건, 지새는 안개≫

▶ **반복형**

흠칫흠칫

▶ **반복형 예문**

성재는 마치 죄 지은 사람처럼 작은 소리에도 흠칫흠칫 놀랐다.

희끗희끗

_ 사전적 정의

- 군데군데 흰 모양.
- 어떤 것이 빠르게 잠깐잠깐 자꾸 보이는 모양.

▶ 예문

- 겨울바람에 싸락눈이 희끗희끗 날리다.
- 짧게 깎은 백발과 아래로 처진 듬성한 눈썹에도 희끗희끗 흰 털이 섞여서 더욱 품위 있어 보인다.≪최인훈, 회색인≫
- 큰길 쪽에 희끗희끗 나졸들 대여섯 명이 나루 쪽으로 오고 있었다.≪문순태, 타오

르는 강≫

▶ **파생어**

희끗희끗하다. [히끄티끄타-]

[형용사]

- 희끗희끗한 눈발.
- 수염이 희끗희끗한 할아버지.
- 머리가 희끗희끗하게 세다.

힐끔

_ 사전적 정의

- 거볍게 곁눈질하여 슬쩍 한 번 쳐다보는 모양. '힐금'보다 센 느낌을 준다.

▶ 예문

- 눈치를 힐끔 살피다.
- 힐끔 곁눈질하다.
- 힐끔 돌아보다.
- 발을 내려놓은 사랑 대청에서 바둑을 두던 치수도 발을 통하여 아른거리는 귀녀 모습을 힐끔 쳐다본다.

▶ 파생어

힐끔거리다.

[동사]『…을』 거볍게 곁눈질하여 자꾸 슬쩍슬쩍 쳐다보다. '힐금거리다'보다 센 느낌을 준다.

- 지나가는 사람들이 기묘한 부조화를 이루고 있는 한 쌍의 남녀를 힐끔거리면서 쳐다보고 있었다.≪최인호, 잠자는 신화≫
- 맹 씨는 말조심을 하느라고 강차석의 눈치만 힐끔거릴 뿐 입을 다물고 있었다.≪김원일, 불의 제전≫

힐끔대다.

[동사]『…을』

- 떠들다 잡힌 아이들은 이번에도 매를 맞을까 보아 고개를 숙인 채 선생님을 힐끔댔다.

힐끔하다.

[동사]『…을』

- 눈을 힐끔하며 쳐다보다.
- 내 눈이 힐끔하기에 앞서 차성희는 도로 정물의 모습으로 화하고 있었다.≪이병주, 행복어 사전≫

▶ 반복형

힐끔힐끔

▶ 반복형 예문

소년은 주인의 눈치를 힐끔힐끔 살피더니 쏜살같이 도망쳐버렸다.

힐끗

_ 사전적 정의

- 거볍게 슬쩍 한 번 흘겨보는 모양. '힐긋'보다 센 느낌을 준다.
- 눈에 언뜻 띄는 모양. '힐긋'보다 센 느낌을 준다.

▶ 예문

- 힐끗 돌아보다.
- 눈치를 힐끗 살피다.
- 뒷간에 갔다 나오며 힐끗 담 너머로 저쪽 감나무 숲께를 한 번 바라보았더니....≪하근찬, 야호≫
- 잔설이 남은 산정이 힐끗 눈에 띄었다.≪이영치, 흐린 날 황야에서≫

▶ 파생어

힐끗거리다. [-끄-]

[동사]

- 소녀는 등에 업은 아이를 추스르면서 준태를 이상한 사람 보듯 힐끗거리며 그의 곁을 스쳐 지나갔다.≪조해일, 왕십리≫
- 자꾸 눈에 언뜻언뜻 띄다. '힐긋거리다'보다 센 느낌을 준다.

힐끗대다. [-끋때-]

[동사]

- 『…을』
  남의 집 창문을 힐끗대다.

힐끗하다. [-끄타-]

[동사]

- 『…을』
  수일이는 그 말에 불쑥 심사가 좋지 않아 눈을 힐끗하고 쳐다보았다.≪김사량, 낙조≫
- 저 맞은쪽 산골짜기에서 사람의 그림자가 힐끗합니다.≪김유정, 두포전≫

▶ 반복형

힐끗힐끗

▶ 반복형 예문

민재는 짝의 시험지를 힐끗힐끗 훔쳐보았다.